U0882641

修订版

为自己的青春做主

高中生生涯规划教程

王建明　赵　林◎主编

华东师范大学出版社

图书在版编目(CIP)数据

为自己的青春做主：高中生生涯规划教程/王建明，赵林主编. 一修订本. 一上海：华东师范大学出版社，2017
ISBN 978-7-5675-6557-9

Ⅰ.①为… Ⅱ.①王…②赵… Ⅲ.①高中生-学生生活-教材 Ⅳ.①G635.5

中国版本图书馆 CIP 数据核字(2017)第 121442 号

为自己的青春做主
高中生生涯规划教程（修订版）

主　　编　王建明　赵　林
责任编辑　刘　佳
特约审读　许引泉
责任校对　郭　琳
装帧设计　卢晓红

出版发行　华东师范大学出版社
社　　址　上海市中山北路 3663 号　邮编 200062
网　　址　www.ecnupress.com.cn
电　　话　021-60821666　行政传真 021-62572105
客服电话　021-62865537　门市(邮购)电话 021-62869887
地　　址　上海市中山北路 3663 号华东师范大学校内先锋路口
网　　店　http://hdsdcbs.tmall.com

印 刷 者　常熟高专印刷有限公司
开　　本　889×1194　16 开
印　　张　13
字　　数　261 千字
版　　次　2017 年 9 月第 1 版
印　　次　2018 年 4 月第 3 次
书　　号　ISBN 978-7-5675-6557-9/G·10417
定　　价　38.00 元

出 版 人　王　焰

（如发现本版图书有印订质量问题，请寄回本社客服中心调换或电话 021-62865537 联系）

本书编委会

王建明　赵　林　主编

本书编写人员

李　妮　杨　倩　唐俊松　王　毅

张媛媛　程　凤　杨小川　闫榕榕

方立立　汪　倩　刘从良　董田生

金　瑞　邱楠楠

前 言

我们都知道读书学习对一个人的重要性，但我们更要知道只为应对考试的学习对一个人的危害，沉重的课业负担和升学压力会让很多学生丧失对求知的兴趣。学校教育如果不顾及学生的个性差异、爱好特长和梦想追求，就谈不上学生的终身发展。如果我们把所有的目标都指向高考，那么学生厌学就会成为必然的事情。

教育部 2003 年颁布的《普通高中课程方案（实验）》中首次提出要培养我国的高中生初步具有职业意识、创业精神和人生规划能力。这表明对高中生进行生涯规划教育应成为我们高中教育的重要内容。高中是一个人走向成熟的关键阶段，是充满了期待和梦想的阶段，让他们尽早地知道自己想做什么、能做什么以及如何去做，是一个自我认识、自我激励的过程，是培养他们自主探究人生道路，实现人生目标的过程，这个过程会极大地释放其生命的能量，会让他们从被动地接受教育转化为主动地追求知识，读书学习才会真正成为一件快乐的事情。

我校课程改革已经进行了多年，其间，我们在课程校本化、课堂教学、实践活动和多元评价等方面进行了许多探索和实践。这个过程让我们逐步认识到，无论是为了提高当下的学习效率，还是为了学生的终身发展，对学生进行生涯规划教育都是不可缺失的。我们于近年构建了富有自身特色的课程体系，把生涯规划教育纳入课程，制定了高中三年的课程方案，组建了一个由志愿者老师结合起来的生涯规划教育团队，在缺少教材指导的情况下，因地制宜地开起了生涯规划课，获得了明显的效果。在这里我们特别感谢尊敬的熊丙奇教授，他充分肯定我校的做法，多次来我校指导这个课程的实施，指导老师们编写校本教材，并亲自给学生和家长们授课，对我们开展这项工作给予了巨大的支持和激励，充分体现了一个专家对中学教育的情怀。感谢我们的老师，大家是在自己的教育教学任务十分繁重的情况下，主动加入到课程的开发和教材的编写工作中来的，老师们克服了没有经验、资料不足、时间紧张的困难，数易其稿，精心打磨，为我们奉献这本凝聚着心血和爱的教材。

这本书的第一版带有浓厚的合肥八中特色，还十分不成熟，还有许多值得商榷的地方，我们欢迎专家和同行们批评指正。在使用过程中逐步完善它，团队也会在熊丙奇老师的无私指导下不断地提高。如今，我们在第一版的基础上进行修订，增加了许多丰富的一手资料。我们最期待的是经过若干年的努力，生涯规划课程能够真正成为有益于学生幸福成长，带动学校课程建设，形成学校特色发展的品牌课程。

王建明

2017 年 5 月 12 日

目　录

第一篇

发现自我

第一节 性格探索

在远古时代的埃及流传着一个著名的极为复杂的谜语——斯芬克斯之谜。谜面是：什么动物早上四条腿，中午两条腿，晚上三条腿？

我们可以很轻松地回答出正确的谜底:“人。”因为我们听说过这个谜语,所以能够轻易地得出答案,可是古埃及时期许多人却为之困扰不已,只有当时最聪明的俄狄浦斯才知道。此谜语深刻地揭示出人的复杂性,因此,在雅典神庙们上有一句话:人啊,认识你自己!今天,我们一起来接受神的启示,开始认识自己的旅程。

我很自卑,因为我比不上别人

清晨,同学们陆续进校,校门口有老师和学生执勤。同学们进校看到老师时有礼貌地喊“老师早”。骑自行车的同学看到校门口一块“骑自行车请下车推行”的牌子,也自觉地推车进校,学校规定:超过7∶35分进校的学生为迟到者。7∶35到了,此时一位学生骑着自行车目无一切、横冲直撞地进了校门,两位执勤学生直呼:“下车,下车!”那位同学置之不理,不仅不下车,相反越骑越快。两位值日生在后面边喊边追,一直追到停车处才赶上他。他吼叫着:“别人也在校内骑车,你们不管,为什么偏偏管我?”劝说无效,两位执勤学生将他拉到老师跟前,老师还未开口,他就横眉怒目,强词夺理:“你们为什么要拉我,我又没有迟到,牌子?什么牌子,这么小的字谁看得清,我没看见。”这位学生是高一年级的小陈,由于小陈不接受劝告,不承认错误,事态扩大,闹到德育处。小陈又大闹德育处,折腾两节课才解决。小陈的班主任说:“小陈经常与别人发生争执,不是跟老师争,就是跟同学吵,差不多每周都有几次,他也不相信别人,老是固执己见。”

小陈来心理辅导中心,自我倾诉:“我冷静时想想很孤独,我在学校没有朋友,同学都不喜欢我,要么不理睬我,要么刺激我,我被激怒后就不顾后果,非和别人争个明明白白不可,我不赢不罢休。”和同学了解情况,大家都讲(同学眼中的)小陈像一头狮子,一恼怒就暴跳如雷,并且从不承认自己有错,大家都不愿意和他交往,怕他没完没了地狡辩。

小陈是留守儿童,父母经常外出,常年在外打工。老实巴交的父亲经常在外面被人欺负,回家后就受到母亲的责怪、谩骂,家里经常充满了火药味,于是小陈幼小的心理就埋下了怀疑一切人的种子。读书上学后,他怕和父亲有同样的遭遇,所以对同学特别凶、好斗,三句话不对就和别人干仗,他认为只有自己才能保护自己。

小陈因学习优异,考入重点高中后父母让其住在外婆家。外婆家是个大家庭,除了外公外婆还有大舅、舅妈和表妹。表妹在读初中,是父母的掌上明珠,全家宠着娇惯养成了表妹骄横、傲慢、自私的脾气。小陈和表妹发生矛盾的时候,全家人都叫小陈让着表妹,理由是哥哥要照顾妹妹。小陈不能接受,他大叫着发火:“我为什么要让着她?明明是她错,还要责怪我,岂有此理!”接着人人数落他,小陈倍感委屈,寄人篱下的感觉让他产生了自卑。

时间一长，小陈的学习成绩直线下滑，小陈内心开始矛盾重重，在学校看到其他同学有说有笑、非常开心的样子时，他既羡慕又嫉妒。他虽然个性孤僻固执，平日总是独来独往，给人感觉个性孤僻且固执己见，但是内心深处却是非常渴望与人交往的，也很想成为同学们重视的人，但是自己又总做不到，成绩的下滑又导致内心矛盾冲突更加强烈，每天独来独往，小陈十分痛苦。小陈说自己在家看书还能看几页，一到学校就心烦意乱，难以投入学习，时时感觉到自己不如别人，不敢面对别人的目光，怕同学们瞧不起自己，嘲笑自己，为了掩饰自己内心的自卑，小陈处处争强好胜，当觉得自己受轻视时立即报以恶眼与反击。

心理咨询老师感同身受地对小陈表达了自己对小陈的理解。首先，帮助小陈认识固执性格的表现和危害，小陈日常表现是自我评价过高，好胜心强，固执己见，多疑敏感，过分警惕，常采取过分的探察与防范措施，易嫉妒，好争辩，听不得批评意见，做错了事总是推诿于别人。具有这种性格的人，不仅人际关系紧张，使周围的人受不了，自己也很难过。此外，经常处于紧张、孤独、沮丧、愤怒和焦虑状态，对身体健康也有很大危害。

其次，提高小陈的自我认识能力，帮助其正确、科学地认识自我和他人，让他明白每个人都有长处和短处，没有十全十美的人；要学会宽容，增进理解，人与人更多的是互相关心和互相帮助，遇到事情换个角度，从积极的角度去理解他人的言行，得到的就是友谊和欢乐。此外，还教给小陈一些心理调节的方法。

老师告诉小陈，人的愤怒情绪按其程度可分为 9 个梯级：

1. 不满，愿望不能满足产生反感；
2. 生气，可以从眼睛里看出愤怒的神色；
3. 愠，发出喃喃恨声；
4. 怒，公开表现对抗的态度；
5. 忿，面红耳赤，言辞急促；
6. 激忿，气急手抖，但内心还强行克制；
7. 大怒，恶言相骂，不能克制；
8. 暴怒，失去自制力，采取攻击行为，冲突危险逼近；
9. 狂怒，额头青筋暴起，眼珠突出，声音嘶哑，不顾一切发动攻击。

在第一二梯级时还不一定发脾气，但已有发脾气的情绪基础，这时可以采用自我暗示方法，反复在心里对自己说“放轻松！”、“冷静！”并深呼吸几次，让情绪平静下来。若此时不能平静，而是向上升级，则立即离开现场，到外面走走，清醒清醒，让自己激怒情绪调整后再回到情景现场，这时你的理智已占上风，避免争吵。

引导小陈领悟认识自我的重要意义。清楚每个人在完善自我的过程中都会经历这样或那样的心理历程。一粒种子诞生了，但它不知道自己是谁，活着的意义是什么，于是开始寻找答案。刚开始，它认为自己是鸭子，结果差点被淹死；然后，它认为自己是猴子，结果从柱子上摔下来。不知道自己是谁的种子，伤心地哭泣着。后来，花开的声音引导种子来到花园，它意外地发现自己是一粒可以开花的种子。找到自我的种子欣喜若狂，不再自我怀疑不再感到自己卑微。最后，它实现了自己最高状态的潜能——开花。引导小陈反思，你想成为什么样的人？

因此，种子在变成花之前有一段寻找自己是谁的过程，期间遇到了挫折与困惑，当真正知道自己可以长成什么的时候，困惑没有了，唯有证明自己，展现自己的优势。由此看来，"自知之明"是每人生命获取良好生命状态，展现自己生命价值的重要环节。

帮助小陈认识每个人的独特性及各有优缺点。小陈一直在"我怎么就不如别人"的叹息中煎熬。在日常学习生活中，我们经常关注的是这个人的成绩比我好，那个人的朋友比我多，张三的家庭条件好，李四的性格好，心态在一系列比较中失去了重心，那个比较的支点——自己也不知跑到哪里去了。请看一个同龄人的故事《像我》：美国中学生杜佩一直很羡慕同班同学比尔，为此模仿比尔的言行举止，结果发现比尔在模仿荷比，荷比在模仿约翰，约翰在模仿杰克，而杰克模仿的人居然是一直瞧不起自己、盲目模仿他人的杜佩他自己。分享故事后引导小陈分享谈自己的感受。每个人都有独特性，古人云：天生我材必有用，每个同学都可以找到自己让别人羡慕的地方，也可以找到自己需要改进之处。用一双冷静的慧眼来审视自己，在不断完善自己的过程中，可能还会产生挫折甚至卑微感，但全面认识自己之后的快乐、明确自己希望成长的样子的价值感是无可比拟的。

小陈每天反省自己，是否有固执己见的地方，及时发现，及时调整纠正，定期请老师和同学督促、帮助小陈，并请周围的人谅解小陈，一旦要爆发"战争"，不与他对着干，避免激化他的敌视心理，而是采取冷却、降温方法，待小陈头脑清醒时再向他解释、说明或指正。一段时间后，小陈在老师、同学、亲人的帮助、督促下，自己逐渐地改变性格，经过较长的一段时间，渐渐地小陈不再是一头好斗的"狮子"，而是具有良好性格的少年。

性格理论

"性格"是个体内部的行为倾向，它具有整体性、结构性、持久稳定性等特点，是每个人特有的并且与生俱来的天性，可以对人外显的行为、态度提供统一的、内在的解释。古代印度有句谚语：播种行为，收获习惯；播种习惯，收获性格；播种性格，收获命运。说明塑造良好的性格将影响众生命运。尽管性格是早年形成的固定行为模式，在今后的性格发展中很难纠正，但不是说不可更改，因为性格是发展的，性格是可变的、可塑的。

MBTI测评软件可以帮助我们认清自己，但是必须知道我们是可以不断完善的。测试的目的是反映最真实的自己，而不是别人所期待的你。通过MBTI职业性格测试加之自身的分析，我们会大概了解自己的性格，这就为我们以后学习、与人交往、选择职业奠定了基础，当然，完全地了解自我确实还有难度，每个人的性格也会随着时间、环境的变化而不断变化，唯有我们不断思考，不断改变，不断分析才能更准确地认识自己，只有这样才能知道自己到底想要过什么样的生活。因为职业和人格的最佳匹配使我们成为更有重点、更有效的学习者，因此我们可以每天都去学习并且喜欢我们所做的事情。

MBTI理论认为一个人的个性可以从四个角度进行分析，用字母代表如下：

驱动力的来源：外向E——内向I

接受信息的方式：感觉S——直觉N

决策的方式：思维T——情感F

对待不确定性的态度：判断J——知觉P

内向(I)——外向(E)维度

内外倾维度是区分个体最基本的维度，表示我们心理能量的获得途径和与外界相互作用的程度，即我们的注意力较多地指向于外部的客观环境还是内部的自我认知。外倾与内倾个体之间的区分并不像我们平时讲的“外倾者健谈、内倾者害羞”那么简单，具体可以从下列几个方面进行分析：

外向型(E)	内向型(I)
与他人相处时精力充沛	独处时精力充沛
行动先于思考	思考先于行动
喜欢边想边说出声	在心中思考问题
易于“读”和了解；随意地分享个人情况	更封闭，更愿意在经挑选的小群体中分享个人的情况
说的多于听的	听的比说的多
高度热情地社交	不把兴奋说出来
反应快，喜欢快节奏	仔细考虑后，才有所反应
重于广度而不是深度	喜欢深度而不是广度

感觉(S)——直觉(N)维度

我们每个人都在不断接受着信息，这是我们跟上外界节拍的必要前提。但不同类型的个体接受信息的方式不同，这便有了感觉型与直觉型之别。感觉直觉维度又称之为非理性维度或知觉维度，表示我们在收集信息时注意的指向。具体区别如下：

感觉型(S)	直觉型(N)
相信确定和有形的东西	相信灵感或推理
对概念和理论兴趣不大，除非它们有着实际的效用	对概念和理论感兴趣
重视现实性和常情	重视可能性和独创性
喜欢使用和琢磨已知的技能	喜欢学习新技能，但掌握之后很容易就厌倦了
留意具体的、特定的事物；进行细节描述	留意事物的整体概况、普遍规律及象征含义；用概括、隐喻等方式进行表述
循序渐进地讲述有关情况	跳跃性地展现事实
着眼于现实	着眼于未来，留意事物的变化趋势，惯于从长远角度看待事物

思维(T)——情感(F)维度

思维情感维度又称为理性维度或判断维度。表示我们在作决定时采用什么系统，即作决定和下结论的方法，是客观的逻辑推理还是主观的情感和价值判断。仅看这个维度的名称，也许你会觉得，思维型的人是理性的，而情感型的人是非理性的，事实上并非如此。两类人都有理性思考的成分，但作决定或下结论的主要依据不一样。具体区别如下：

思维型(T)	情感型(F)
退后一步思考，对问题进行客观的、非个人立场的分析	超前思考，考虑行为对他人的影响
重视符合逻辑、公正、公平的价值；一视同仁	重视同情与和睦；重视准则的例外性
被认为冷酷、麻木、漠不关心	被认为感情过多，缺少逻辑性，软弱
认为坦率比圆通更重要	认为圆通比坦率更重要
只有当情感符合逻辑时，才认为它可取	无论是否有意义，认为任何感情都可取
为“获取成就”所激励	为“获得欣赏”所激励
很自然地看到缺点，倾向于批评	惯于迎合他人，注重维护人脉资源

知觉(P)——判断(J)维度

知觉判断维度用以描述个体的生活方式。即倾向于以一种较固定的方式生活（或作决定）还是以一种更自然的方式生活(或收集信息)。两者的具体区别如下：

判断型(J)	知觉型(P)
作了决定后最为高兴	当各种选择都存在时,感到高兴
有"工作原则"：工作第一,玩其次(如果有时间的话)	有"玩的原则"：现在享受,然后再完成工作(如果有时间的话)
建立目标,准时地完成	随着新信息的获取,不断改变目标
愿意知道它们将面对的情况	喜欢适应新情况
注重结果(重点在于完成任务)	注重过程(重点在于如何完成工作)
满足感来源于完成计划	满足感来源于计划的开始
把时间看作有限的资源,认真地对待最后期限	认为时间是可更新的资源,而且最后期限也是可伸缩的

这四个角度两两组合,可以组合成16种人格类型。实际上这16种类型又归于四个大类之中,在此我们将四个大类型筛选,并总结如下：

SJ型——忠诚的监护人

具有SJ偏爱的人的共性是有很强的责任心与事业心,他们忠诚,按时完成任务,推崇安全、礼仪、规则和服从,他们被一种服务于社会需要的强烈动机驱使。他们坚定,尊重权威、等级制度,持保守的价值观。他们充当着保护者、管理员、稳压器、监护人的角色。大约有50%左右SJ偏爱的人为政府部门及军事部门的职务所吸引,并且显现出卓越成就。其中在美国执政过的41位总统中有20位是SJ偏爱的人。例如：George Bush(乔治·布什)、Queen Elizabeth(伊丽莎白女王)、George Washington(乔治·华盛顿)等。

SP型——天才的艺术家

有SP偏好的人有冒险精神,反应灵敏,在任何要求技巧性强的领域中游刃有余,他们常常被认为是活在危险边缘喜欢寻找刺激的人。他们为行动、冲动和享受现在而活着：约有60%左右SP偏好的人喜欢艺术、娱乐、体育和文学,他们被称赞为天才的艺术家。

我们熟悉的歌星麦当娜、篮球魔术师约翰逊、音乐大师莫扎特等都是具有SP性格特点的例子,又如：Michael Jordan(迈克尔·乔丹)、Marilyn Monroe(玛丽莲·梦露)、Pablo Picasso(帕布洛·毕加索)等。

NT型——科学家、思想家的摇篮

达尔文、牛顿、爱迪生、瓦特这些发明家、科学家你一定不陌生吧!

NT偏爱的人有着天生的好奇心，喜欢梦想，有独创性、创造力、洞察力，有兴趣获得新知识，有极强的分析问题、解决问题的能力。他们是独立的、理性的、有能力的人。

人们称NT是思想家、科学家的摇篮，大多数NT类型的人喜欢物理、研究、管理、电脑、法律、金融、工程等理论性和技术性强的工作。如：Bill Gates（比尔·盖茨）、Albert Einstein（阿伯特·爱因斯坦）、Margaret Thatcher（玛格丽特·萨切尔）等。

NF型——理想主义者

精神领袖NF偏爱的人在精神上有极强的哲理性，他们善于言辩、充满活力、有感染力、能影响他人的价值观并鼓舞其激情。他们帮助别人成长和进步，具有煽动性，被称为传播者和催化剂。

约有一半的人在教育界、文学界、宗教界、咨询界以及心理学、文学、美术和音乐等行业显示着他们的非凡成就。如：VLadimir Lenin（弗拉基米尔·列宁）、Oprah Winfrey（奥普拉·温弗尼）、Mohandas Gandhi（莫汉迪斯·甘地）等。

根据MBTI理论，每种个性类型均有相应的优点和缺点、适合的工作环境、适合自己的岗位特质。使用MBTI进行生涯自我认知的关键在于如何将我们的人格特点与职业特点进行结合。

认识自己的性格类型，可以让自己更好地了解自己，理解自己的行为特点，根据自己的特点学习和解决问题，但这并不意味着它可以成为约束你不做某事或不选择某物的借口。性格认识旨在帮助我们更好地了解自己行为特点，理解他人为何与自己不同。评价标准不止一个，人与环境的互动也很复杂，很难用某个标准来评价。例如有学生一向觉得自己内向，待人不够热情，但他在同学的反馈中看到了“亲和”、“热情”这样的描述。该生在惊讶之余开始反思和重新审视自己，并和同学进行了沟通。他发现，其实自己并不像自己认为的那样内向与不热情，只是过于担心自己成为那样的人而已。明白了这一点，在和人打交道的时候轻松了很多，也有了更多的信心。

探究活动一

体验性活动　签名

★ 请大家拿出一张空白纸，在纸上签下自己的名字。

★ 请换一只手，再次在纸上签下自己的名字。

★ 两次签名有什么不同的感受？请用几个词来形容一下。

教师总结：用常用的手签名，会感到“得心应手”，很自如；用另一只手签名时，就感到不习惯、别扭、费劲，而且还写得歪歪扭扭。不过我们发现自己也还是可以用这只手签名的。我们在其他事情上也是如此，天生有自己擅长的一面，也有自己不擅长的一面（就如同我们的右手、左手）。它们没有好坏或者对错之分。

对自己性格的了解，不要局限于借助MBTI或者其他的性格测评。我们身边有很多很好的资源来帮助我们认识自己。

探究活动二

怎样看待我们的性格

咨询老师：

我是高二(3)班的一个女生，性格内向、相貌普通的我并不太愿意和别人吐露心声，所以和别的同学也很少交流，可能班上的同学都很少注意到我的存在。但其实我的心里也有很多苦恼，认为自己平凡而普通，我感到十分自卑。

在班里我不是一个出众的学生，有的任课老师竟然叫不出我的名字。我太平凡了，不，应该说我太不出色了。虽然每天我也像其他同学一样上学、放学，可我总感觉到自己是在做那些学习好的同学的陪读。有朝一日他们都考上大学了，我的历史使命也就完成了。每天浑浑噩噩地生活，我不知道自己的人生方向在哪里。我现在的生活很消极也很乏味，我觉得这样不好，但是我能怎么做呢？

大家针对个案交流讨论后回答下面的问题：

1. 这个同学这样看待自己对吗？我是否也有这样的认识？
2. 日常学习过程中，我是否也出现这样的想法？什么情况下才会有这样的想法？
3. 讨论怎么做、怎么看才能让自己的感受变得好一些。

探究活动三

探索性格　他人眼中的我

写下自己的五个特质，分别找同学、朋友、家人等熟悉自己的人，请他也列出你的五个特质。看看他们对你的认识与你对自己的看法有什么异同，并和他们讨论这些异同。

"不识庐山真面目，只缘身在此山中。"我们眼中的"自己"，常和别人眼中的"自己"有一些甚至是很大的差距，陷于"自己"这个泥潭，一个人对自己的认识常常有限。希望大家能借助身边的资源来更好地弄清楚你是谁。

补充练习

测一测你的性格

请如实地回答下面60个问题。在测验中请注意，所有题目的答案本身没有正确与错误之分，所以请不要猜测题目内容的要求，也不要去推敲答案的正确性。另外，答题要迅速，整个问卷要限在10—20分钟内完成，而且不能空题。下面各题均有三种答案，A代表“是”，B代表“似是而非”，C代表“否”，将你选择的答案填在括号里。

序号	题目	选项		
		A	B	C
1	在大庭广众面前不好意思。			
2	对人一见如故。			
3	愿意一个人独处。			
4	好表现自己。			
5	与陌生人难打交道。			
6	开会时是否喜欢坐在被人注意的地方？			
7	有不快事情，能抑制感情，不露声色。			
8	在众人面前能爽快地回答问题。			
9	不喜欢社交活动。			
10	愿意经常和朋友在一起。			
11	自己的想法不轻易告诉别人。			
12	只要认为是好东西就立即买下来。			
13	爱刨根问底。			
14	容易接受别人的意见。			
15	凡是很有主见。			
16	喜欢高谈阔论。			
17	休息室宁可一个人独坐也不愿同别人聊天。			
18	决定问题爽快。			

续 表

序号	题目	选项		
		A	B	C
19	遇到难题非弄懂不可。			
20	常常未等别人把话说完，就觉得自己已经懂了。			
21	不善和人辩论。			
22	遇到挫折不易丧气。			
23	时常因为自己的无能而沮丧。			
24	碰到高兴事极易喜形于色。			
25	常常对自己面临的选择犹豫不决。			
26	不太注意别人的事情。			
27	不好表现自己。			
28	好憧憬未来。			
29	容易羡慕别人的成绩。			
30	相信不比别人差。			
31	注意别人对自己的看法。			
32	不大注意外表。			
33	发现异常现象易想入非非。			
34	即使有心事也很快遗忘。			
35	总是把家里收拾得干干净净。			
36	常常不知道自己把东西放在哪里了。			
37	做事很细心。			
38	对于别人的请求乐于帮助。			
39	十分注意自己的信用。			
40	热情来得快，消退得也快。			
41	信奉“不干则已，干则必成”。			
42	做事情更注重速度而不是质量。			
43	一本书可以反反复复看几遍。			
44	不习惯长时间读书。			
45	办事大多有计划。			
46	兴趣广泛而多变。			

续 表

序号	题目	选项		
		A	B	C
47	学习时易受外界干扰。			
48	开会时喜欢同人交头接耳。			
49	作业大多整洁、干净。			
50	答应别人的事情经常会忘记。			
51	一旦对人有看法不易改变。			
52	容易和人交朋友。			
53	不喜欢体育运动。			
54	对球赛尤为感兴趣。			
55	买东西前总要比较一番质量。			
56	不惧怕从来没做过的事情。			
57	遇到不愉快的事情可以生气很长时间。			
58	自己做错了事，容易承认和改正。			
59	常常担心自己会失败。			
60	容易原谅别人。			

记分与评价

凡单数题(1、3、5、7、9……)，A为0分，B为1分，C为2分；凡偶数题(2、4、6、8……)A为2分，B为1分，C为0分。将你的得分相加，得出总分。

90分以上，你是一个典型外倾型性格的人；71—90分，你是一个稍外倾向型性格的人；51—70分，你是一个外倾、内倾混合型性格的人；31—50分，你是一个稍内倾性格的人；30分以下，你是一个典型内倾型性格的人。

你的性格是：

了解自己的性格类型后，要在今后的学习和生活中发扬自己良好的性格，克服自己不良的性格。

请你回答：

1. 在你学习与生活中表现比较稳定的良好性格有哪些？不良性格有哪些？

2. 你打算如何改掉不良性格？

3. 你的好朋友有哪些良好性格和不良性格？

4. 面对好友的良好性格和不良性格，你的感受是什么？

好书推荐

1.《天资差异》（[美]伊莎贝尔·布里格斯·迈尔斯，彼得·迈尔斯著；张荣建译）重庆出版社。

2.《请理解我：凯尔西人格类型分析》（[美]大卫·凯尔西著；王甜甜译）中国城市出版社。

（编写：李　妮）

第二节 兴趣探索

在影片《三傻大闹宝莱坞》中，有一个无梦想的主人公——法兰。他从小到大都是被父母安排好的，上什么样的小学、中学、大学，找什么样的工作，甚至娶什么样的老婆，通通被安排好。所以法兰根本不知道自己未来到底该干什么。但他喜欢摄影，对动物非常感兴趣。只是一直以来盲目的学习和父母的要求，让他渐渐迷失自我。

不知道自己该干嘛，喜欢干嘛。其实没有梦想的人只是被现实遮住了双眼，没有看到自己的内心。莱俱在喝醉的时候问兰彻，我很喜欢工程学，但为什么排名总是在最后。兰彻说，你看看你手上的戒指比你的关节都多，这些戒指都是关于保佑你考试的、你姐姐的嫁妆、你父亲的、你家里贫穷的，对明天恐惧的人，怎么能安心过好今天？

在学校的咨询案例中，很多同学也有同样的困惑，因为对学习不感兴趣，所以没有努力。他认为兴趣是最好的老师，反而成了不努力的借口。

需要学生思考：你感兴趣的是什么呢？你为此做什么了？目的是鉴别学生到底是懒，还是真的没有兴趣。如果说，老师，我现在无所事事，因为我还没有找到我感兴趣的事，那就是懒；老师，不对啊，你看我虽然对这个东西不感兴趣，但是我夜以继日、废寝忘食地对另一个东西感兴趣，而且我已经达到了这个专业学习的程度，这个说明是理性选择。

有些学生明确表示：我就是对学习不感兴趣。

再思考：对学习不感兴趣的人很多，包括你的父母，你长那么大了，你见他们看过书吗？没有见过，所以呢。你没有这么好的基因。那我想知道，你知道你父母有什么样废寝忘食的爱好吗？比如说玩手机，比如说打牌，比如说盯着你学习。这么多年他们改过吗？没有。你看他们，为此孜孜不倦，废寝忘食，乐此不疲。你有吗？你有没有坚持十多年，哪怕是 5 年的一个爱好，没有。所以，这跟兴趣没有任何关系，就是懒。

反过来说，如果真的感兴趣了，你就不需要努力了吗？所以一定要打破这个逻辑，就是很多学生头脑里认为，好像我只要对某件东西感兴趣了，我就可以不努力，然后就可以成功。

常见的咨询有以下几个方面的状态：

他不感兴趣，没考好；

他不感兴趣，没做好；

他不感兴趣，没有动力。

有时候学生的头脑中会存在这样几种错误思维：

★ 假如我对某件事情感兴趣，那么我就不用付出努力，就可以成功。

★ 我之所以没有动力，是因为我的兴趣不够。

★ 我一定要找一个和自己兴趣相匹配的专业，否则我的人生就是不幸的。

案例分析

高二男生，垂头丧气，无精打采，连续两次段考成绩大幅度下滑。

主诉：对什么都不感兴趣，有力不知道往哪里使。

教师引导学生思考以下五个问题，可以帮助学生澄清自己困惑的问题所在。

第一，既然兴趣对你这么重要，请你讲讲，你是怎么理解“兴趣”的定义的？

第二，假如你找到了你非常感兴趣的事情，那么你的人生将是什么样的？

第三，在以往的生活中，有哪些时候是你兴趣得到充分满足，然后特别成功的，你有没有过？是你的经历，还是白日梦？

第四，在以往的生活中，有哪些时候你虽然不感兴趣，但是你依然把事情完成得非常好？

第五，在以往的生活中，在哪些时候，你没有什么兴趣的概念，你是在靠别的东西支撑完成的那些事情？

仔细看一下这5句问话，我们到底要干嘛，这个问话的背后都是要澄清一些东西，就像望闻问切一样。第一，既然兴趣对我们这么重要，那么你说说，你是怎么理解兴趣的定义的？澄清的过程中我们就有可能首先发现自己头脑中存在的一些错误认知，有可能在这一步把这个认知调整了，学生就会讲，我知道我的问题了。

第二，需要引导学生思考：真正是他的经验，还是他主观臆断。假如我们找到了非常感兴趣的事情，那么我们的人生将是什么样的？我们得看看自己的内部对话，也就是自己个人的逻辑是否有错，有时候一个人的逻辑，它有可能是错的。

例如：如果我和这个老师关系好，那我的成绩可能就特别好。引导学生思考：有没有跟老师关系特别好的人呢？有。那他的成绩呢？很差。那看来这个逻辑是错的呀。

第三，在以往的生活中，有没有例外事件。在哪些时候是你兴趣得到满足，然后特别成功的？例如我对数学很感兴趣，然后我去上了数学补习班，我在那个班上是表现最好的，然后每当提到这个，要去上数学班，我今天一天都很开心。

如果是成就经验，那没关系，我们就可以继续往下挖了，对不对。噢，那以往是怎么找到这些感兴趣的事情呢？那个感兴趣的事情里一定也有你不感兴趣的东西，对那些东西你是怎么克服的？就算你对上数学课很感兴趣，但是在整个上课过程中，也一定有不感兴趣的东西，这个时候是什么支撑你？我们会发现我们自己有平衡能力，也不全是兴趣在起作用。

在以往的生活中有哪些时候，我们虽然不感兴趣，但是依然把事情完成得非常好。例如：对现在的学习，很多学生讲自己不感兴趣，学生思考：你在中考的时候，那九门课你都是感兴趣的吗？（那个时候也没有啥兴趣的概念，我特别不愿意学物理。）那物理考试及格了吗？（及格了。）那个时候是怎么完成的？（因为那个时候考不好上不了好高中。）看来你是有自控力，也是有学习能力的。兴趣并不是唯一影响成功的因素。兴趣、能力、自控力、外界因素同样重要。第四个问题能看明白吧？就是他本来的逻辑和概念是有偏差的，我们一步一步，引导学生通过反思、思考对以往经验的这样的一个阐述，他就能看到事情的全貌。

在以往的生活中，有哪些时候你没有什么兴趣的概念，你是在靠别的东西支撑完成了该做的事情。其实就像我们刚才说的，除了兴趣的正向因素、负向因素之外，这个叫中性因素。什么叫中性因素呢？就是跟兴趣、能力没有关系，它有可能是自身的一种需要，也可能是一种习惯的建立。就像每天我们说，你对吃饭感兴趣吗？啊，无所谓了，那就饿了就得吃，到点就得吃啊；对吃饭特别感兴趣，吃货。但大多数的时候，你吃饭只是满足一种需要，就像我们现在必须要去上学一样，那只是一种需要。

作为高中生我们能写出与兴趣相关的职业生涯发展困惑有哪些吗？

我觉得很迷茫

（我觉得很迷茫，不知道将来做什么最好；我觉得什么事情都还喜欢做，但是没有特别突出喜爱的事情，所以我不知道将来该发展哪方面来作为自己的人生目标；我很喜欢艺术，可是一直以来好像又缺乏这方面的积淀，所以不知道怎么办才好……）

大家的困惑和目前青年学生关于职业生涯的困惑很吻合，大家存在的困惑是一致的。

① 不知道自己能干什么。

② 不知道自己想干什么。

③ 不知道自己适合干什么。

④ 不知道社会需要什么样的人。

⑤ 不知道社会需要什么样的人。

⑥ 不了解自己所选专业未来的发展状况。

⑦ 不了解到哪里找工作。

⑧ 不知道现在该做什么。

⑨ 不知道是否应该考研、出国、择业。

困惑澄清

1. 在专业选择和志愿填报的时候，并不只是纯粹考虑兴趣因素，而忽略其他因素，比如能力等。

2. 兴趣并不一定就是完全的决定因素，所以不一定要以自己的兴趣点作为将来的职业发展方向，可以通过业余生活来满足自己的兴趣。

3. 兴趣广泛的同学需要花更多的时间来弄清楚自己可能最有潜力的发展方向。

4. 兴趣不明显的同学应该多参加各种活动，努力培养和发现自己的潜在兴趣。

5. 兴趣是会发展变化的。

探索活动一

我的岛屿计划

正是梅花盛开的春天，你刚好会有七天的假期，你计划着前往远方一处新开发的岛屿群度假。旅行社向你大力鼓吹这个旅游的新特点："这是我们和当地旅游业合作开发的新线路，一共有六个各具特色、各具风情的岛屿，如果你时间许可，可以安排前往其中的三个岛屿，各停留几天，保证你能游遍岛上风光，乐不思蜀。"

你仔细浏览旅游手册上记载的这六个岛屿的特色：

岛屿 R	自然原始岛屿。岛上保留有原始森林，自然生态保持得很好，有各种各样的野生动物。岛上居民生活状态还相当原始，他们以手工见长，自己种植花果蔬菜、修缮房屋、打造器物、制作工具，喜欢户外运动。
岛屿 I	深思冥想岛屿。岛上人迹较少，建筑物多僻处一隅，平畴绿野，适合夜观星象。岛上有多处天文馆、科技博物馆以及科学图书馆等。岛上居民喜好观察、学习、探究、分析，崇尚和追求真知，常有机会和来自各地的哲学家、科学家、心理学家等交换心得。
岛屿 A	美丽浪漫的岛屿。岛上布满了美术馆、音乐厅，街头雕塑和街边艺人，弥漫着浓厚的艺术文化气息。当地的居民很有艺术、创新和直觉能力，他们保留了传统的舞蹈、音乐与绘画，许多文艺界的朋友都喜欢来这里找寻灵感。
岛屿 S	友善亲切的岛屿。岛上居民个性温和、十分友善、乐于助人，社区均自成一个个密切互动的服务网络，人们重视互助合作，重视教育，关怀他人，充满人文气息。
岛屿 E	显赫富庶的岛屿。岛上的居民善于企业经营和贸易，能言善道，以口才见长。岛上的经济高度发展，处处是高级饭店、俱乐部、高尔夫球场。来往者多是企业家、经理人、政治家、律师等，曾数次在这里召开财富论坛和其他行业巅峰会议。
岛屿 C	现代岛屿。岛上建筑十分现代化，是进步的都市形态，以完善的户政管理、地政管理、金融管理见长。岛民个性冷静保守，处事有条不紊，善于组织规划，细心高效。

假如你仅有七天难得的假期，你会考虑到哪三个岛屿度假呢？你的优先选择是什么？

我的度假计划：

选择 1：　　　　岛，因为：

选择 2：　　　　岛，因为：

选择 3：　　　　岛，因为：

然而，仔细想想，如果你有机会能影响政府施政决策，致力于建设中国台湾，你会期待将台湾建设成哪一个岛屿呢？或者你期待未来能在哪一个岛屿上工作和生活？哪一个岛屿是你心中的桃花源？你有三个优先选择：

我的生活计划：

选择 1：　　　　岛，因为：

选择 2：　　　　岛，因为：

选择 3：　　　　岛，因为：

最后，想象你已年华老去，希望能找到一个最适合你度过退休生活的居所，以安享天年。哪一个岛屿最能吸引你？你有三个优先选择可以安排你的退休计划：

我的退休计划：

选择 1：　　　　岛，因为：

选择 2：　　　　岛，因为：

选择 3：　　　　岛，因为：

六边形中找挚友

这六个岛屿代表着六种典型的生涯兴趣类型，他们的相关位置就像是一个正六边形。看看你的同学或朋友之中，哪些人和你志同道合，可以呼朋引伴一起去探险？哪些人可以和你一起开创新生活？哪些人可以预设大未来？

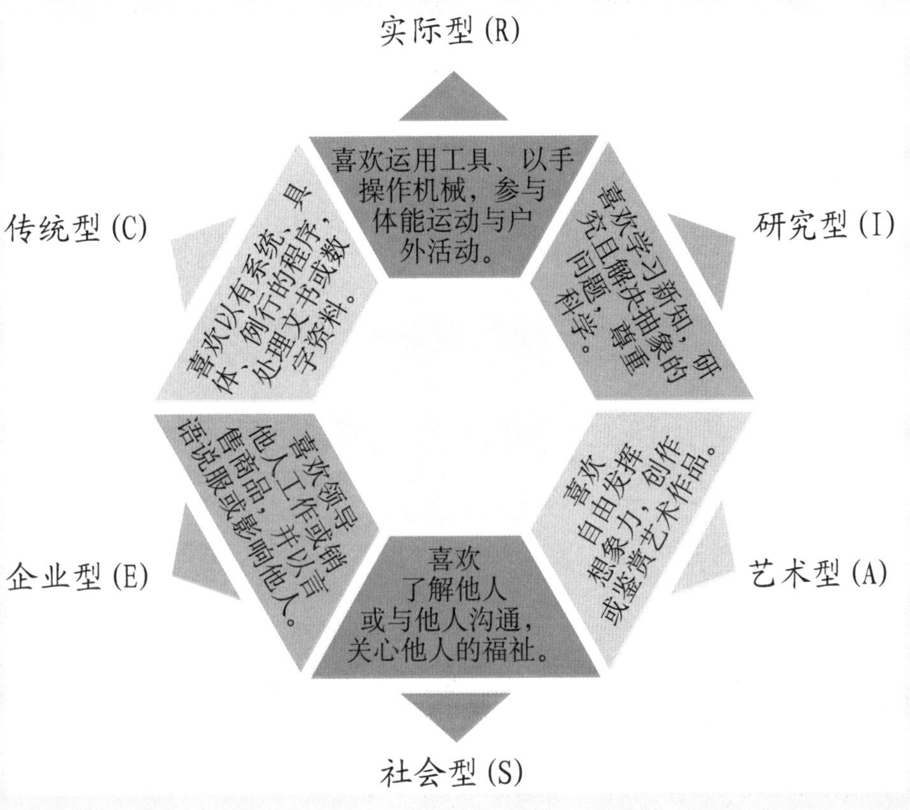

探索活动二

生涯兴趣类型分析 I

这里列出了一些有关生涯兴趣类型的叙述。想想看他们和你对自己的看法是否符合?请将所有符合你的叙述圈选出来。

R1 与动物有关的工作	R2 善用双手
R3 与机器有关的工作	R4 用机械的处理方式
R5 建造或修理东西	R6 良好的身体协调
R7 以行动解决问题	R8 准备在任何条件下工作
11 好奇	12 要求理性
13 思考清晰	14 喜欢数学和科学
15 以思考解决问题	16 喜欢数学和科学
17 独立	18 不依惯例
A1 良好的观察力	A2 敏感
A3 良好的自我表达能力	A4 有天赋
A5 喜欢处理事情的新方法	A6 喜欢美术/音乐/戏剧/写作
A7 有想象力和创造力	A8 喜欢变化
E1 喜欢说服和影响别人	E2 可能有抱负
E3 外向	E4 组织能力好
E5 喜欢有计划工作	E6 有天赋
E7 热忱	E8 精力充沛
S1 喜欢与人有关的工作	S2 支援他人
S3 热心	S4 靠情感解决问题
S5 责任感	S6 不怕情绪的问题
S7 理解力	S8 喜欢成为团队的一分子
C1 喜欢与电脑有关的工作	C2 喜欢例行公事
C3 依循程序来解决问题	C4 可信赖
C5 生意眼光	C6 准确
C7 注意细节	C8 喜欢清楚的方向

表 1－5 兴趣描述

将每一类型的圈选数目记在下面的表格中。

实际型(R)的数目	
研究型(I)的数目	
艺术型(A)的数目	
企业型(E)的数目	
社会型(S)的数目	
传统型(C)的数目	

我的兴趣描述

根据上述分类的结果,哪些类型最能描述你?(即分类结果显示什么?)

我的类型分析:

根据"我的岛屿计划"和"探险活动二"的结果,你感觉哪个(些)类型最能描述你?

请自我分析:

你对自己的感觉和类型分析所显示的结果相同吗?有哪些是相同的?哪些是不同的?

相同的是:

不同的是:

写下你认为对你最适合的类型的描述。(借助卡片或运用你自己的感觉)

我眼中的自己。

进一步发掘自己

当你理清了自己的生涯兴趣类型之后,也许你会想要更进一步了解自己的能力、人格特质等是否也符合你的兴趣类型。下列是一些协助你更加认识自己的方式,请一一检视你有多符合你的生涯兴趣类型。

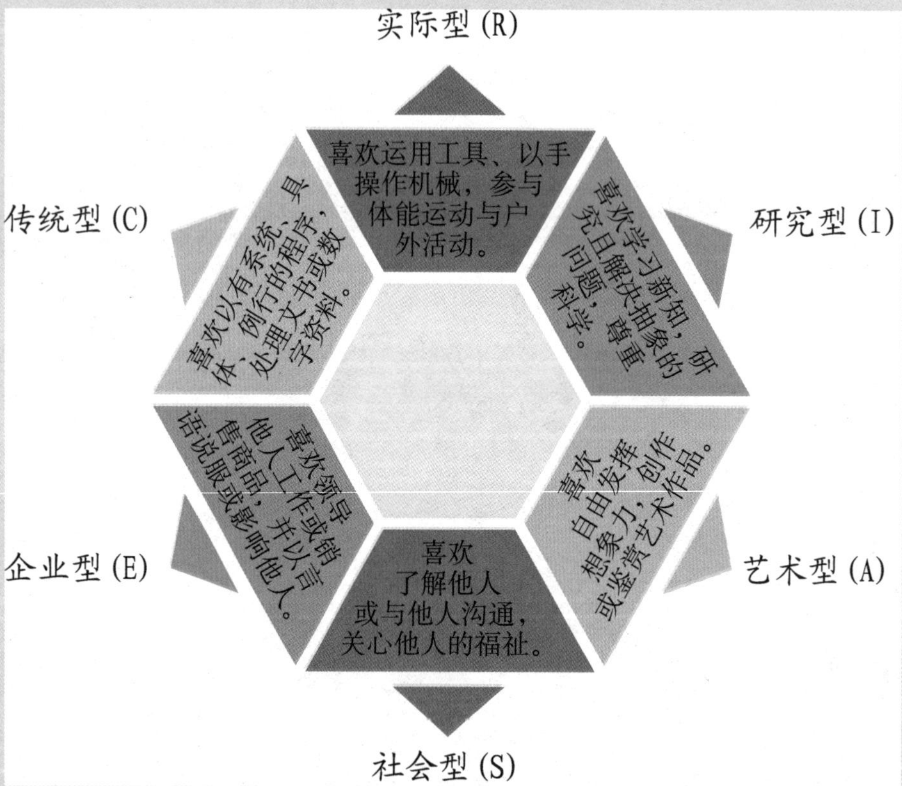

实际型(R)

如果你是一个“实际型”的人，你可能在下列的叙述中认识自己。

你擅长并喜欢运用手与手指工作

你喜欢用工具、物品、机器工作

你有(或愿意培养)手工、机械、电子这些领域的技能

使用身体技术时你会觉得比语文、思考或情感的活动快乐

你可能具备下列一个或一个以上的能力：身体协调　　体力　　敏捷　　逻辑

你喜欢在户外

你喜欢动物

你被视为一个“脚踏实地”或“实事求是”型的人

你喜欢以行动解决问题

研究型(I)

假如你是“研究型”的人，你可能在下列的叙述中认识自己。

你喜欢运用理性思考；好奇、勤学及独立

你喜欢思考甚于行动

你拥有数学、物理科学及生物学方面的技能，并想更加充实

你有时被描述为知性的；有时被描述为不依循惯例的

你喜欢以思考来解决问题，且常相信自己的理性和想法甚于其他的人和事

你可能会喜欢科学或医学的工作

艺术型(A)

如果你是“艺术型”的人，你可能在下面的一些叙述中认识自己。

你喜欢逃离例行公事

你拥有语言、美术、音乐、戏剧、写作技能，并想要更加充实

你可能对事物不信任，但信赖自己的理智、身体和感觉

你喜欢视觉、听觉、触觉上的美与变化，欣赏脱俗有趣的人

你有时被形容为有点反抗的，或有点反社会的

你有创意、敏感，并喜欢构思新方法来解决问题

你喜欢可以尽情发挥你的创意技能和天赋的工作

社会型(S)

如果你是“社会型”的人，你可能在下面的一些叙述中认识自己。

你喜欢帮助别人，而且你友善、敏锐、乐于助人及有责任感

你喜欢亲近人，并分担别人的困难

你从维持团队良好合作中得到满足

你有时被描述为真诚、圆融及善解人意的

你喜欢别人信赖你的感觉，并观察别人的感觉来解决问题

你喜欢从事与人接近的工作

企业型(E)

如果你是一个“企业型”的人，你可能在下面一些叙述中认识自己。

你喜欢企划

你喜欢领导及影响别人

你外向、有精力、自信、热忱

你拥有领导、激励和说服别人的技能，并想要更加充实

你喜欢组织、管理、变化和地位

你有时被描述为有抱负以及可能喜欢权利和金钱

你喜欢有关推销或管理人的工作

你喜欢冒险涉入自己及别人的情景以解决问题

传统型(C)

如果你是“传统型”的人，你可能在下面的一些叙述中充分地认识自己。

你喜欢组织良好并有清楚的程序

你很仔细、条理分明、精确并很会注意细节

你喜欢有纪律、清楚的目标，安全及明确

你被描述为负责并可信赖的

你可能有好的基本技能和计算能力，并想加强

你喜欢组织事情，且可能想在大机构中工作

你喜欢运用，并依循尝试、试验过的程序来解决问题

你想要有关系统、操作电脑系统、文字处理的工作

学校会组织所有学生统一进行“生涯兴趣量表”测评，结合自我的探索和量表的评估，看看和你自己的分析是否符合。

生涯兴趣测验结果：

自我探索的结果：

《我的生涯手册》吴芝仪

了解你的兴趣

Ⅰ. 愉快的生活经验

请回顾你最近一个月的生活点滴，回味让你感到遇到的生活经验。请列举出 1—3 个生活事件，在事件发生之时或完成之后让你感受到相当程度的喜悦或满意。

A. ____________　B. ____________　C. ____________

Ⅱ. 喜欢的日常活动

当你不必上课时，你通常会从事哪些休闲活动呢？请列举出 1—3 个你平时所喜欢的休闲活动。

A. ____________　B. ____________　C. ____________

请在下面的线条中标出适当位置

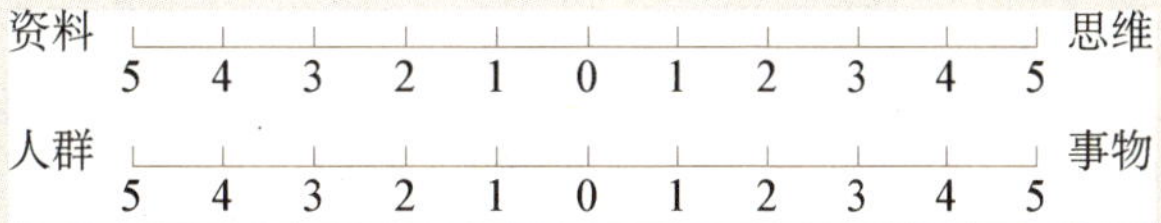

人生兴趣坐标图

现在，请将“愉快的生活经验”和“喜欢的日常活动”两者的特性倾向综合起来，看看你在“生涯兴趣坐标”会座落在哪一个象限上？

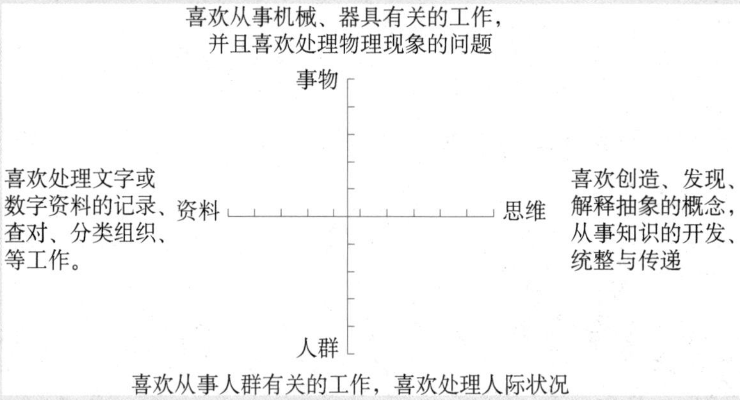

（编写：李　妮）

第三节 多元智能

我一点都不漂亮，可能你也一样；

我从未考过第一名，可能你也一样；

我唱歌走音，画画不及格，800 米没达标，可能你也一样；

我曾经替朋友背黑锅，明明有机会解释，却没有胆量说明，可能你也一样；

我减肥从未成功，制定学习计划，无法坚持，可能你也一样；

但我今天仍未被生活打倒，可能你也一样。

我就是我，多么特别的我，是颜色不一样的烟火。

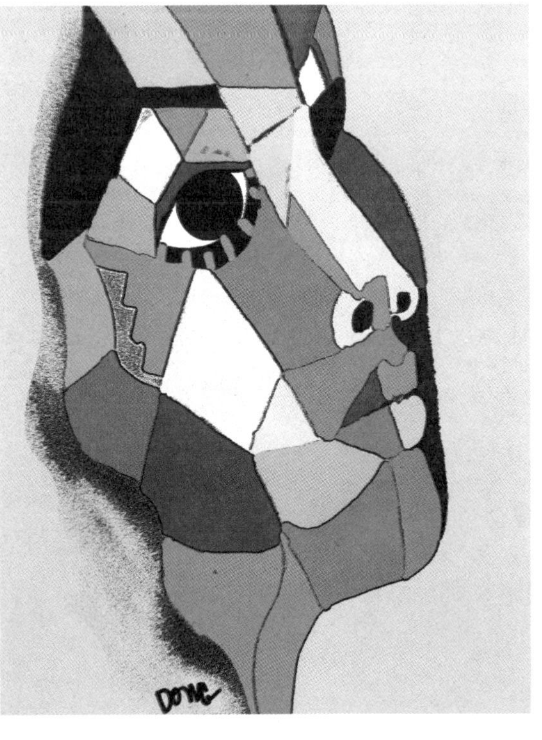

你知道这是哪一首歌曲吗?

也许你能对着这张五线谱,很快地把这首歌哼出来。

也许你看不出来,但是一听别的同学哼唱,立马就拍着脑袋说,我知道了,这是多么熟悉的旋律,随即就能跟着唱起来。

也许你听着大家开心地哼着旋律,却还是一头雾水,这到底是哪一首歌呢?真是急坏了,直到大家告诉你:乐盲,这是家喻户晓的民歌《茉莉花》啊,你才恍然大悟,啊啊啊,原来是这首歌。

> "每个孩子都是一个潜在的天才儿童,只是经常表现为不同方式。"
>
> ——霍华德·加德纳

一、 多元智能理论

生活中，大家也许都有这样的体验或发现，有的人到了一个陌生的环境就很快熟悉，外出旅游能很快找到方向，有的人一到陌生环境马上找不着北，往返多次仍不知东西；有的人一看图纸很快明白，有的人却一头雾水；有的人精打细算，有的人明明被人找错了钱仍没算出来，好像对数据永远也没法弄清楚；有的人说起话来似泉水叮咚，清晰流畅，有的人却像壶子里装饺子有货倒不出。

这些现象说明了什么？说明智能是多元的，人的素质千差万别，各有所长，各有所短。我们每个人的智能结构也都是独一无二的。

哈佛大学的心理学教授霍华德·加纳德教授发现了这一点，他认为人类的思维和认识世界的方式是多元的。至少存在八种思维方式：语言，逻辑、自然，音乐智能，身体运动智能，空间智能，人际智能及自我认识智能。每一种智能在人类认识世界和改造世界的过程中都发挥着巨大的作用，具有同等的重要性。每个人与生俱来都在某种程度上拥有其中的多项技能，人类个体的不同在于所拥有的技能的程度和组合的不同。这就是多元智能理论。

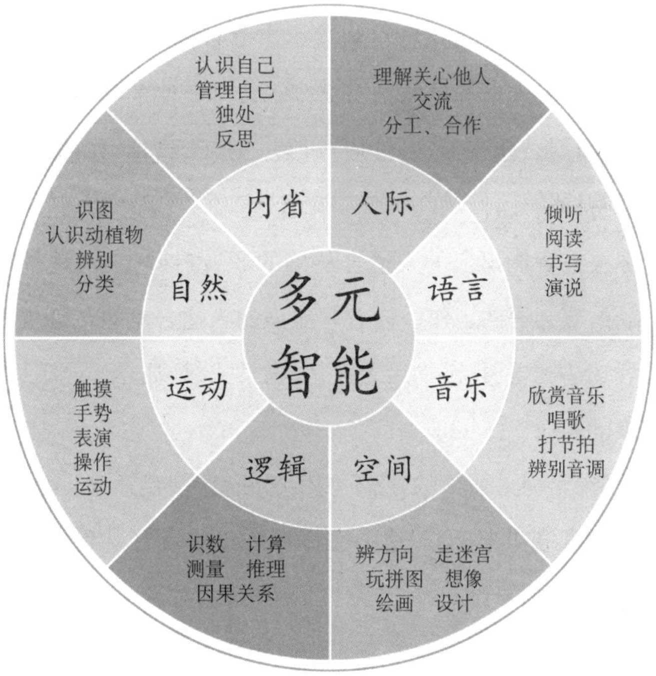

二、 多元智能与生活

这是我们学校一位老师的多元智能结构图。

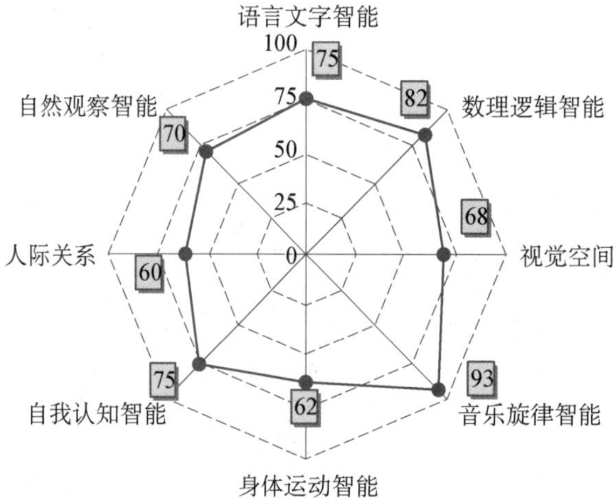

你能猜出这是哪一学科的老师吗?

这是一位喜欢唱歌的数学老师,你猜对了吗?

在这幅图中,我们可以看出,这位老师的智能分布总体比较均衡,其中音乐旋律智能和数理逻辑智能比较突出,是他的优势智能,而幸运的是作为一位数学老师,很显然,他的优势智能可以帮助他更好地从事自己的职业。

不同的学科,不同的活动,不同的场合,不同的工作,不同的职业,需要的优势智能各不相同。

律师、演说家、编辑、作家、记者等是几种特别需要语文智能的职业。数学家、税务人员、会计、统计学家、科学家、计算机软件研发人员等是特别需要逻辑数学智能的几种职业。空间智能强的人比较适合从事向导、猎人、室内设计师、建筑师、摄影师、画家。歌手、指挥、作曲家、乐队成员、音乐评论家、调琴师等是特别需要音乐智能的几种职业。演员、舞者、运动员、雕塑家、机械师等是特别需要肢体运作智能的几种职业。人际关系智能出众的人适合从事的职业有政治、心理辅导、公关、推销及行政等需要组织、联系、协调、领导、聚会等的工作。内省智能强的人适合从事的职业有心理辅导、教师、神职等。而像自然生态保育者、农夫、兽医、宠物店老板、生物学家、地质学家、天文学家等是几种特别适合自然观察智能强势者从事的职业。

因此,最佳智能结构必须是因人而异的,决不能生搬硬套,削足适履。如果不了解自己的特质,避其所长,扬其所短,就有可能事倍功半,无端地消磨掉许多年华岁月。我们要准确全面地了解和分析自己,作出正确的估价,然后,根据自己的特点,发挥优势,建立独具一格的智能结构,使自己的长处得到有效的发挥,这才是最根本的。

大家可以思考这样的问题:

1. 我在哪些方面比较突出或擅长?

2. 我忽视它了吗,我有没有充分发挥自己的优势?

3. 如果没有,赶快行动,那很可能就是别人不可企及的聪明才智,那就是你!

有些智能与生俱来，与遗传基因有关；有些是后天养成，兴趣使然：喜欢唱歌，歌喉不错，就要引吭高歌；喜欢跳舞，身材不错，就要淋漓尽致地发挥；喜欢交际，你就在群体中充分发挥公关协调能力，增强凝聚力。处处留心皆学问，处处留意皆人才，天生我才必有用！

大家可以结合你的《多元智能测评表》，看看你的优势智能是什么。

我身边的故事

换个战场，都是人才

小杨和小张从初中起，就加入了学校的足球队，虽然说在学科成绩方面，他们不是最优秀的，尤其是对数理逻辑智能要求比较高的数学，虽然也花了大量的时间和精力，但是起色不大，但是当他们踏上球场时，却以自己出众的身体运动智能，表现灵活，身手矫健，赢得了无数次的胜利。在全面发展的基础上，根据自己的优势智能，选择自己更加擅长的领域，就能事半功倍。

探究活动一

多元智能的组合，培养多元智能的活动实践

序号	智能类型	相关活动	你的参与及感想
1	言语—语言智能	讨论、辩论、写日记、研讨会、论文、故事、诗经、讲故事、倾听、阅读	
2	音乐—节奏智能	演奏音乐、打节拍、唱歌、口哨、拍手、分析声音与音乐	
3	逻辑—数理智能	计算、实验、比较、数字游戏、使用证据、提出并验证假设、归纳与演绎推理	
4	视觉—空间智能	概念图、图、表、艺术方案、隐喻思考、视觉化、录像、幻灯、视觉呈现	
5	身体—动觉智能	角色扮演、舞蹈、体育活动、动手操作、手工展示、设计喜剧	
6	自知—自省智能	学生的选择、日记、自我评价、个性化教学、独立研究、讨论感受、反思	
7	交往—交流智能	社区参与方案、讨论、合作学习、团体游戏、同伴指导、会议、社会活动、分享	
8	自然观察智能	访问生态园、环境研究、关心植物与动物、户外工作、寻找自然规律	

探究活动二

各出奇招

问题背景：好朋友误以为你向老师打小报告，说他周一早晨抄袭数学作业的事。和你闹翻了，你们俩现在互不搭理，处于冷战状态，你如何解决这一问题？在解决的过程中是如何综合运用你的多元智能的？

拓展阅读一

一个低智商的成功经历

诺尔7岁那年，父亲哈洛德专门请专家测定了他的智商。专家告诉父亲，他的智商95，智力年龄低于生理年龄，智商100是人类的平均智力水平，因此他连普通人都不如。

母亲很为他的将来担心。父亲笑着说，一切皆有可能，譬如一个树根，可以用来烧火取暖，也可以做成根雕成为艺术品。如果我们精心培养，咱们的孩子将来说不定能进耶鲁大学。

他上小学时，成绩不太好，可是却梦想着能成为登上月球的宇航员。父亲直接告诉他，像你这样的人一辈子也成不了宇航员，因为宇航员的身体素质都是天生的。你只能做你能做又想做的事，并且把它做出名堂来就行了。至于成绩嘛，过得去就行了。

在父亲的指导下，他最终迷上了舞蹈，现代舞、拉丁舞样样精通。父亲见他热衷于跳舞，便鼓励他精益求精，不但要会跳，还要懂得创新。在中学的毕业舞会上，他的华尔兹舞犹如行云流水，他的探戈舞热情奔放，他的狐步舞急如旋风，他的斗牛舞火辣性感，让同学们看得眼花缭乱，纷纷拍手叫绝。

因为舞技出色，他被耶鲁大学特招入校，成了耶鲁大学的舞蹈队员。父亲高兴地对母亲说，你看咱的儿子虽说成绩不好，可是照样进了耶鲁大学，这就是“一切皆有可能”。父亲告诉他说：耶鲁不是普通的大学，它是美国总统的摇篮，历史上有 4 位总统毕业于耶鲁，这可是耶鲁创造的政坛奇迹。你在学校里要多交朋友，说不定将来你的同学中又会产生新的美国总统。

说来也巧，乔治·布什也在耶鲁大学就读，主修历史。父亲知道这一消息后，马上命令他放弃主修法律也改为主修历史。父亲对他说：你要赶紧与小布什交上朋友，进入他的核心朋友圈。小布什参加什么组织，你也跟着参加；他玩什么，你也跟着玩什么，步步紧跟，一步也不要落下。不要问我为什么，将来你就会明白的。

小布什参加了耶鲁大学的骷髅会这个秘密社团，其成员皆是美国的名门望族。骷髅会每年只招 15 人。父亲赶紧用钱铺路，为他争取到一个入会的名额。他在骷髅会里与小布什几乎是形影相随，颇得布什好感。最后他好歹在耶鲁大学毕业了。

从耶鲁大学毕业后，他仍然跟小布什保持着亲密的关系，属于小布什的铁哥们，在小布什投资的公司担任管理者。因为业绩突出，他深受小布什信赖。父亲告诉他，布什家族是当今美国政坛最强势的家族，你只要攀住小布什这棵大树，将来肯定能吃到好果子的。

后来，小布什当上了美国总统，延续了布什王朝的传奇。伊拉克战争爆发后，萨达姆被推翻了，美国终于控制了中东的石油资源。在伊拉克重建期间，凭着小布什的关系，他成立的公司获得了 4.07 亿美元的伊拉克投资合同，赚了个盆满钵溢，果然如父亲期望那样成了人人羡慕的亿万富翁，一位智商低于常人的百万富翁。

诺尔对父亲说：“我觉得作为一个商人，最重要的还是人脉资源，多个朋友多条路，条条大路通罗马。”父亲满意地笑了，他对诺尔说：“一切皆有可能，就看你怎么去创造。你成功了，我也成功了！”

相信自己，一起皆有可能。只要我们努力，就能成就自己的梦想。因为低智商的诺尔成功了，非裔美国人奥巴马也成功了，你也一定会成功的。

拓展阅读二

怎么拼都是哲理

一个月前,老师布置了拼图作业。今天,孩子们带来了自己的作品,老师将和孩子们一起分享他们的成果。老师让孩子们谈谈他们在做拼图作业时的体会和感受。

学生:我拼图的时候,先看一下包装上的图画,心中有一个轮廓,然后把外框拼好,再从外向内,这种方法拼得比较快。

老师:很好。认识一个问题从总的概貌入手,然后去了解细节,就像我们面对一个陌生的城市,用一张地图,比一条街一条街去走要快得多。

学生:我拼了很长时间也拼不好,所以请爸爸妈妈和奶奶帮忙完成了拼图。

老师:很好。这就是一种团队合作。记住,如果你遇到自己一个人难以解决的问题,可以求助别人,大家共同完成。

学生:我最高兴的时刻就是把最后一片放进拼图的时候。

老师:很好。享受成功是一种非常愉悦的感觉。

学生:我面前是一大堆杂乱无章的拼图片,我根本找不到它们的规律,我试了很多次也无法拼出图案,心情很急躁,烦闷,干脆把它装起来,再也没有打开。

老师:很好。有时候放弃也是一种选择。

学生:我拼了一部分,拼不下去了,看着剩下的200多片,我再也不想拼了,不过我觉得包装纸上的图画很漂亮。

老师:很好。谁也不可能事事都成功,你没有亲手拼成,但你懂得去欣赏别人的成果,这也是一种迂回的成功。

可以看出,每一个孩子都在真实表达自己的喜悦、无奈、失望——而老师总能从孩子的经历中,找出值得他们在以后的生活中珍惜和体会的哲理。

这是加拿大埃德蒙顿一所小学的拼图课。

来自纯洁的愿望,即使没有成功,没有达到目的,也会带来很大的好处。

拓展阅读三

MIDAS名称的由来

MIDAS是多元智能发展测评系统的首字母缩写，但是同时它也蕴含着另一个寓意。

从前，有一个叫MIDAS（迈达斯）的国王，他爱好享乐，种植了世界上第一个玫瑰园。他爱他的女儿，他也爱听金子碰撞时发出的声音。

一天，酒神和追随者从色雷斯出发去维奥蒂亚。酒神的老师森林之神不巧跟队伍走散了。他喝得醉醺醺的，躺在MIDAS的花园里酣然大睡。园丁发现了他，把他捆起来去见MIDAS。他给MIDAS讲述有关大洋河彼岸的，与连成一片的欧罗巴、亚细亚或阿非利加完全脱离的一个大洲的奇妙的故事。大洲上座落着神奇的城市，居住着身材高大、幸福而长寿的人民，拥有值得赞颂的法律制度。森林之神的故事使MIDAS听得欣喜若狂。他盛情款待森林之神五天五夜，然后派向导护送他回到酒神的大本营。

酒神一直在为他的老师担心。为了报答，他派人问MIDAS有什么要求，他应该怎样报答他。MIDAS毫不迟疑地回答说："请恩准使我摸到的一切都变成金子。"然而，变成金子的不仅仅是石块、花朵和屋内的陈设。他坐下吃饭时，他吃的食物和喝的水也都变成金子。他心爱的女儿也变成了金子。过了不久，MIDAS恳求酒神使他从他那愿望中解脱开来，因为他饥渴交加，快死了。酒神逗弄MIDAS，开心得很。他叫MIDAS前往帕克托罗斯河的源头，在河里洗个澡。MIDAS依此法行事，立即解除了点金术，但帕克托罗斯河的沙子至今因含金而闪闪发光。

MIDAS不是一个坏的国王，他只是爱这个世界和黄金。他匆忙许了一个愚蠢的愿望，认为所有的东西变成黄金后会更好而没有想到后果。如果我们只是希望自己的孩子都有很高的智商、分数，我们不是坏人，然而，如果我们不能挖掘头脑的潜力，知道它可能可以产生更好的智慧，结果也一样麻烦。

MIDAS多元智能发展测评系统的目的是要开始一个新的"对话"，发现孩子的智能分布特点及状况，因为每个孩子都是独一无二的，每个孩子都能在报告中找到属于自己的强项所在，从而为孩子将来的择业找到适合的方向。

MIDAS的日常运用

一、语言智能(Linguistic Intelligence)

活动表现：口语、阅读、写作、讲故事、诗歌

学习技巧：写故事、作笔记、解释与教别人、制定提纲、列清单、用缩写

兴趣爱好：文字游戏、诗歌、讲故事、歌词、朗读

对应专业：文学、社会学、新闻学、教育学、外语、哲学

二、逻辑—数学智能(Logical-Mathematical Intelligence)

活动表现：计算、调查、解决问题、战略、逻辑

学习技巧：提问、分类、解释、分析、比较

兴趣爱好：国际象棋、猜谜、拼图、电脑

对应专业：计算机、经济学、工程学、会计、医学、化学、物理学、统计学

三、空间智能(Spatial Intelligence)

活动表现：地图阅读、艺术设计、工艺、机械

学习技巧：观察、思维导图、视图、彩色笔记、卡通绘画

兴趣爱好：涂鸦、摄影、造型、设计

对应专业：视觉设计、服装设计、建筑、工程、航空、地理、摄影、广告、平面设计

四、身体动觉智能(Bodily-Kinesthetic Intelligence)

活动表现：体育、舞蹈、手工艺、魔术、哑剧模仿

学习技巧：手势、表演、戏剧、做模型

兴趣爱好：摔跤、打球、魔术、杂技、舞蹈

对应专业：戏剧、舞蹈、健身、健身教育

五、音乐智能(Musical Intelligence)

活动表现：唱歌、演奏乐器

学习技巧：音律、节奏、歌唱、带兴趣唱歌、在音乐环境中学习

兴趣爱好：哼、唱歌、打鼓、韵律、吹口哨

对应专业：乐队、声乐、作曲、合唱、乐团、指挥

六、人际智能(Interpersonal Intelligence)

活动表现：同情、领导、管理人际关系

学习技巧：小组学习、教学、角色扮演、讨论、学习倾听

兴趣爱好：团队游戏、体育、聊天、帮助、志愿工作

对应专业：市场推广、公共关系、服务、销售、教育、商业管理、护理学、人力资源管理

七、自然认知智能(NaturalistIntelligence)

活动表现：了解动物、从事与植物相关的活动、科学知识使用

学习技巧：使用感官、观察和隐喻、建立活体模型

兴趣爱好：训练宠物、养鱼、户外活动、栽花种树

对应专业：生物学、生态学、园艺学、动物学、地质、海洋、农业、烹饪

八、自我认知智能(Intrapersonal Intelligence)

活动表现：个人了解、观点、判断、自主、目标

学习技巧：问自己为什么、对自己很重要、我现在知道什么

兴趣爱好：思考、调查、规划人生目标、写日记

对应专业：创意写作、哲学、心理学

推荐欣赏

1. 歌曲　张国荣《我》　作词：林夕　作曲：张国荣
2. 电影《雨人》

（编写：杨　倩　唐俊松）

第二篇

职业探索

第四节　谈领导力

谈领导力

每个学生都有潜力成为未来领袖！

很多学生在被问到“你将来想做什么？”的时候，会有这样答案：“领导”、“企业家”、“CEO”、“董事长”……这些现象体现了大家追求卓越的美好愿望和信心，但你如果继续问学生：“你认为怎样才能成为一个好的领导者呢？”往往没有具体的答案。在学生眼中，“领导”可能是一种职务，是身份的象征，是地位的体现，也许拥有某种特权，小部分人甚至觉得当上领导是一种虚荣心的满足。

在美国，教育注重培养学生的综合能力，名牌高校的招生录取中不仅参考学生在高中阶段的各项考试分数，还需要提供学生在校期间的各项社会活动的证明，包括社区服务、社团活动等，主要考察学生社会责任感和领导力方面的表现，学生的个人领导力已成为美国优秀高中审核申请人素质的体现、

决定是否录取的重要标准之一。许多社会组织开展了各种形式的有关中学生领导力的活动或竞赛，以此激发青年学生关注国家、关注民族、关注社会的热情。

因此有人问："美国为世界各国培养了领导人，中国的各领域领导人由谁来培养？"这个问题让人听了热血沸腾，从事教育事业相关人士开始关注我们国家未来领导人或领袖人物的培养问题，也认识到了领导力的培养对学生终身发展的重要意义。

在中国，学生在校期间可以通过很多不同的方式来开发和培养领导力，学校专门给学生设立一些领导、管理的岗位，比如说共青团、学生会、年级部、班级等都设有学生干部岗位，参与其中对提高领导力都很有价值。然而，大多数学生凭借着满腔热忱和锻炼自己的想法参与到各项工作中去，实践中却常常因为工作不得法、没有管理经验、不擅长人际交往等原因在工作中陷入困惑，结果对自己的领导能力产生怀疑和挫败感，甚至对将来的职业生涯规划产生了影响。

我是一个失败的"领导者"吗？

草坪葱绿、生机盎然的高中校园，迎来了新的一批高中新生，他们容光焕发，对校园的每一角落都充满好奇；他们略显激动，想让自己的每个细胞都早日融入高中的校园；他们蓄势待发，未来的三年将在这里尽情地挥洒青春。

运动场上"社团嘉年华"的活动正在如火如荼地进行，社团招新呐喊的口号此次彼伏，学哥、学姐们的绝活表演精彩非凡，让不少新生都跃跃欲试。就在这次招新中，小蒋和其他的同学们一起选择了自己心仪的社团——军事社。在老社长退役后，社员们推选了军事知识丰富的他做社长。

在班主任和家长的眼中，小蒋是一个懂事、勤奋、从不让人操心的好孩子。他从小到大各项学习成绩突出，性格沉稳，平时话不多，稍显内向。小蒋从小在父亲的影响下喜欢军事，看了很多军事理论书籍，关注世界各国军事动态，搜集了各方面的军事资料，家里也有各种各样的军事模型，平时和同学们在一起也喜欢谈论军事，同学们称他是"小小军事家"。

刚当上社长的时候，小蒋认真负责，任劳任怨，对自己的能力充满信心，什么事情都身先士卒，但在担任社长职务半年，他就有一种干不下去了感觉。有一次社长培训会结束后小蒋找到德育老师诉说了他的苦闷。他在上任后，每次都精心准备社团活动，把每次社团活动都当成了一次军事讲座，为了达到最佳效果，他自己购置了小蜜蜂、白板笔、军事挂图，把自己多年收藏的军事模型带到社团活动的现场。最初活动还很正常，久而久之，小蒋发现社团活动的气氛越来越沉闷，社员有的干脆写起了作业，小蒋自己也觉得很累，感觉自己一个人在唱独角戏，因为社团的管理都是他一个人在忙，一个人做课件，一个人准备电脑、音频、视频，一个人写社团工作计划……社团的领导工作甚至影响了小蒋的学习，并且他感觉所做的一切并不被社员们所理解。

听了小蒋的诉说，我对他的心情和遭遇十分理解，作为一名高中生，小蒋是一名品学兼优的好学生，但作为一个社团的管理者，一个学生组织的领袖，小蒋则对自己社长职能没有正确的理解，缺乏做领导者的经验，管理能力、组织能力、协调能力欠缺。

中学校园里，像小蒋这样的学生干部并不少见，他们往往拥有较强的个人能力，学习突出，特长突出，然而当他们成为一个团队的核心时，却不懂得任务分配、团队协作，往往一个人挑大梁，不懂得凝聚一个团队的向心力，团队的个人力量没有得到发挥，最后十分努力最后反而落得“剃头挑子一头热”的局面。

在接下来的社团管理培训，老师着重针对小蒋及类似的问题进行了专题的培训，主题为“作为一名学生领袖，如何更好地组织开展一项活动”。

首先，要学会用书面的形式把这个活动描述得很清楚，撰写活动的初案，包括活动的意义、背景，阐述为什么要做、做了有什么特别的结果、活动涉及哪些群体和个人、需要哪些社会资源(包括物质资源和非物质资源)、计划和实施和步骤是什么……

其次，是找到一些和你志同道合的人，开展活动。对于社团活动来说，就是建立你的社团组织，这需要在你的团队、同学或者伙伴中，物色你的得力助手，成立你的团队，确定这些人是否和你有同样的想法，因为他们即将是你的团队中的核心成员，并给他们分配任务。

再者，团队成立后最迅速地集中并形成有效的活动计划，再开展活动，分为以下多个步骤：

A. 确定活动的时间、地点；

B. 讨论并确定活动内容及安排；

C. 获得学校、相关指导教师及涉及的单位和部门的支持；

D. 活动的宣传与预热；

E. 任务分解、分配；

F. 任务实施；

G. 活动效果的评估；

H. 活动资料的整理与留存。

一、“lead”——领导力理论

“领导力”是指在管辖的范围内，充分地利用人力和客观条件以最小的成本办成所需的事情，提高整个团体的办事效率。管理学中有严格的学术观点，认为领导力是领袖引领、管理团队，实现共同目标的一种能力和影响力，这种影响力是由诸多要素构成，是各方面技能和才智的综合体现。

北大领导力专家杨思卓教授在《六维领导力》一书中，提出了六力模型组合，他将领导力概括为六种能力：学习力、决断力、组织力、教导力、推行力和感召力。同时阐述了六力模型中，六力所构成的三条对角线的关系。

学习力(leaning)：领导人超速的成长能力；

决断力(determination)：领导人高瞻远瞩的能力的表现；

组织力(organization)：领导人选贤任能的能力的表现；

教导力(teaching)：领导人带队育人的能力；

推行力(implement)：领导人的超常的绩效；

感召力(influence)：更多地表现为领导人的人心所向的能力。

1. 学习力与教导力：学习力是指个人的知识与经验，是指一个人的指挥，如果能传授给其他人甚至更多的人，成为千百万人的智慧，便演化为教导力。优秀领导者拥有将自己的思想转化成大家共同的思想的能力，因此杨教授提出了“学习力乃是教导力之源，教导力乃是学习力之领悟”的观点。

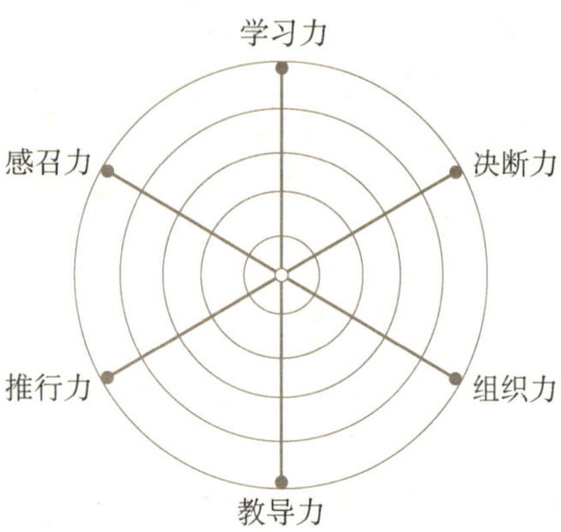

360°Leadership

2. 决断力与推行力：领导者在团队中要拥有冷静的思维并作出正确的决策，有了正确的决策，接下来团队成员才可以进一步地推行领导者的决策；如果决策错误，推行下去只会错上加错。因此，决策力是推行力的前提，推行力是决策力的结果。

3. 组织力与感召力：管理的前提是要成立团队并管理团队，管理可以依靠规章制度来约束团队成员，但管理者的沟通能力、个人魅力对增强团队的凝聚力也十分重要，因此组织力与感召力也是相辅相成的。

领导者是处于组织核心地位的人，是带领团队努力实现愿景、目标的人，领导行为是个过程，作为优秀领导者，需要主动引导团队的发展，制定团队发展的战略目标并监督执行的过程，擅长授权与管理下属、沟通和协调各部门关系、从容应对突发事件并能够具有领导创新和组织变革的能力，而这些都是领导力的体现。

二、 中学生的领导力

领导力中的各项能力是跟年龄和职业有着密切关系的，作为中学生，这些能力应在发展中培养，需要有所准备和接受训练。社会的急剧变革，需要大量的多元化人才，要求当代的中学生不能只关注书本，而应具有开阔的视野，主动地去了解世界、关注民族、早日融入社会。从事教育事业相关人士开始关注卓越人才的培养问题，因为他们将是中国未来各区域的领导人，在中学阶段培养学生的领导力，既是时代的需要，也是学生个人成长的需要。

美国高中生活对于学生来讲大概分成五个方面内容：学习、体育、社区服务、学生领导能力培训、个人的社交。

美国高中社区服务和学生领导能力培训有非常重要的地位，内容也十分丰富：

协会名称	内容介绍
Citizenship Committee	这个是纪律委员会，相当于中国学校学生会的纪检部。委员会对严重纪律犯规的学生进行讨论和处分。所以学生成员自己必须是在遵守校规、校章方面的榜样。在活动中每一个案例都需经过讨论和研究，而且处分都是真实的，所以学生成员在参与过程中会学到很多东西。
Diversity Club	国际生俱乐部，举办联谊、舞会、公益活动等多元化活动。
Junior Advocates	通过辅导、咨询等形式，为8年级的学生提前适应升到9年级高中段作辅导和准备。
Key Club	这个是全球性的组织，主要进行社区服务。
National Honor Society	这个是美国全国性的学校里的组织，可以称其为"荣誉生社团"。
New Sophomore Mentors	学生指导员帮助新入校的学生进行生活和学习上的前期适应，主要是针对国际生。
Proctors	类似于中国学校的学生团支部书记或者班干部。主要是在学校里策划、组织学生活动，帮助其他学生并在学生中做出榜样。
Residential Assistant	在宿舍里进行管理，配合老师，做生活方面的助手。
Tour Guides	学生校园导游。新生申请学校之前来看学校，招生办公室会安排学生导游给访客介绍学校校园并回答一些其他问题。

95%的领导力来自后天的培养和练习！

领导力课程起源于美国，由管理学大师詹姆斯·库泽斯和巴里·波斯纳创建，是过去30年全球最具影响力的经典课程之一。在中国，中学校园里也有很多种方式可以拓展学生的综合能力，启发和培养学生的领导力，有些是学校提供的学生干部岗位、社会实践活动岗位，有些则是学生自己观察社会、发挥自身主观能动性、自发开展的活动，学生们不再只是单纯地学习书本上的知识，而是以领导者、领袖的身份走出课堂，走进校园各个环节，争当校园小主人，主动参与社会，增加社会经验。

走进校园生活各个环节，争当校园小主人

1. 中学生党、团校——学生干部的成长摇篮

中学生党、团校对在校优秀的青年学生进行爱国主义、社会主义、集体主义教育，进行党的基本理论、基本知识和路线、方针、政策教育。在学习中培养青年学生用马列主义的立场、观点和方法正确地认识问题、分析问题和解决问题的能力，培养学生树立积极向上的健康的世界观、人生观、价值观。

中学生党、团校学员通常是各校选拔出来的思想端正、积极向上并且有进取心的学生干部、优秀典型，课程主要包括讲座、自学、讨论、写心得、社会实践等，培养出许多具有坚定共产主义、社会主义的理想和信念，善于思考，勇于创新，甘于奉献，具有较高理论修养和工作能力的青年团员和优秀团干部，增强了共青团组织的凝聚力和战斗力，总之使广大团员青年更好地在学校各项教育教学活动中成长成材。

2. 参加学生干部竞选——告诉自己“我能行”

在高中，学生干部包括学生会干部、共青团干部、班级委员会干部，都服务于全体中学生，提供能够锻炼学生领导力的平台。很多大学在自主招生中，都十分注重考查学生的表达能力、组织能力、实践能力，有过学生干部经历的学生在此方面有很大优势，很多同学在大学毕业应聘的时候还不敢跟面试官讲话，普遍缺乏这方面的经验。

学生干部的竞选，是一种公平、公正的竞争方式，是综合能力展示的平台，有助于学生锻炼自己的演讲能力。能够大胆地站在众多学生、老师面前，展示自己，几分钟之内用自己的话语打动他们，为自己拉上一票，对学生的自信心、影响力都是很大的考验。

如果你竞选成功，成为学生干部，则在不断地组织活动、参与活动中进一步培养了自己的规划能力、组织管理能力，增强了为集体、同学服务的意识和责任心。如果竞选失败，我们不怕失败，要勇于总结自己的不足，继续努力，在学有余力时继续尝试。

3. 学生社团——“做自己想做的事”

大学里的社团现在已经普遍走进了中学，规模大的学校甚至有几十个学生社团，社团由学生自己组建、自我管理、自发开展活动，是丰富校园文化中一面靓丽的旗帜。

社团的种类十分丰富，有科技类、艺术类、体育类、公益类、生活类等，囊括了学生兴趣的各个方

面，比如有的学生喜欢手工制作，他们将有相同爱好的同学召集在一起做各种各样的手工制品，之后展示、拍卖；有的同学喜欢推理，这个社团成立后大家就聚在一起玩推理游戏，组织“校园寻宝”等活动；有的同学热爱环保，这群人就组织在一起关心和维护校园环境，不断地向师生和家长发出环保倡议，并定期组织旧物回收等活动……

如果说你能自己组建一个社团，并能够担任社长，那么你在招募成员、设立组织机构、开展活动、日常管理中会不断感受到自己领导力的提升。

4. 校内公益活动——“校园内的公益事业”

校内公益活动主要指以学生为参与主体的公益性活动，包括校内公益劳动、志愿者活动以及各项捐资助学、慈善活动。

校内公益劳动任务包括每日升降国旗、广播操、眼保健操的检查和评分，教室、环境卫生的打扫、检查和评分，迟到、早退的登记，学生行为规范的检查，校园卫生、校内公共场所卫生打扫等，其任务涵盖仪表、礼仪、纪律、习惯、卫生、劳动、管理、考勤等诸多方面，这正是实施素质教育实实在在的内容，也是从事爱国主义教育、集体主义教育、道德品质教育、劳动观念教育、卫生习惯培养、管理能力锻炼和班集体建设的良好时机。

在校园内，我们还可以自发地去参加一些志愿活动，看到离校和返校时，校园周边交通秩序繁忙、混乱，可以组成秩序维护小组，协助学校保卫和交警，指挥家长有序停车，帮助学生在公交车站牌有序排队；身边同学得了重病，我们自发组织捐款、捐物，并轮流为其补习等，这些都是培养学生责任心、爱心、服务力的途径。

同学们一定要积极参加校内公益活动，这样既培养了我们的人际交往能力、协作能力、组织能力和操作能力以及适应环境的能力，更培养了我们的参与意识、创新意识和勤于实践、勇于探索、精诚合作的精神。

5. “每个学生都是一座深藏不露的宝藏”——争做“学生讲堂”的主讲人

目前，中学里有“学生讲堂”、“非常大讲堂”这些面向全体师生的讲台，很多学校的学生们以小组为单位通过自己选题、备课、授课，主动走上讲台，为全校师生讲课。

讲座内容全部由学生来完成，让学生自己选择课题，由校学生会对选题进行筛选，只要是内容健康向上的话题就行，随后，学校对获选的学生进行面试，有能力站在讲台上完成授课的学生将获得主讲人资质，进行讲解。大讲堂每一到两周举行一次，面向全校学生，课题选择包罗万象，天文地理无所不讲，深受师生欢迎。

担任讲座的主讲人能够培养学生的自信心、演讲能力、影响力，在准备讲座的过程中也考验了学生的主动学习、探究能力和知识储备，让每一个参与其中的学生都得到了很好的锻炼。

6. 争做校园“小侦探”——参与到校园管理和维护

学校是我们生活和学习的主要环境，当我们发现生活环境中的一些难以解决的问题时，请不要急于抱怨，而要动动脑筋想一想，我能做什么？

比如说学校里的经常遇到的饮水器保洁问题、食堂的拥堵问题、电梯分流、空调漏水等问题，同学们可以自发地成立小组，运用自己现有的学科知识，发挥老师、家长和社会的力量提出治理方案，协助学校解决问题。这些活动让学生们参与到校园管理和维护，可以培养大家发现问题、解决问题和团结协作的能力，让学生在实践中既进行了学习又增加了集体荣誉感。

了解社会、参与社会，积累实践经验

1. 志愿者活动与社区服务

有爱心、有责任心是一名优秀学生的基本素质，自觉地参加到志愿者活动与社区服务中是一名中学生的责任和义务，也是对学生的综合素质评价的重要组成部分。

去养老院做义工，去社区帮扶孤寡老人和困难群众，去乡下小学送书、送教，去园林、苗圃植树等都是一些很有意义并且能够广泛参与的活动，除此之外，我们还可以去报名参加一些大型活动，去做志愿者。

学生在参与活动过程中一定要发自内心，有饱满的热情、善始善终、不怕苦、不怕累，这样才能在活动中得到锻炼，体现志愿服务的价值。

2. “读万卷书，行万里路”——研学旅行

研学旅行是由学校根据区域特色、学生年龄特点和各学科教学内容需要，组织学生通过集体旅行、集中食宿的方式走出校园，在与平常不同的生活中拓展视野、丰富知识，加深与自然和文化的亲近感，增加对集体生活方式和社会公共道德的体验，培养中小学生的自理能力、创新精神和实践能力。

目前，游学的线路涉及工业科技、历史文化、自然生态、红色记忆、农业体验游、欧美夏令营等各个方面，时间也根据线路和学生的特点由一天到半个月不等，学生在游学过程将自己书本所学的知识，家长、老师言传身教的生活经验与实践相结合，在享受旅行的同时，增长见识，增加旅行中与同伴间的沟通和交流，培养学生团结互助、合作共赢的意识。所以研学旅行让学生在身体、心理、情操、品德等各方面得到发展。

3. “职业体验”

每一个人都有自己的职业理想，很多同学到大学毕业才发现自己选错了专业，自己从小到大都想做的职业跟想象的并不一样，而在那时，想换一个职业，恐怕为时已晚。

高中生的寒暑假经常除了做作业，就是畅游在网络世界，那么为什么不趁学生时代美好的假期，多进行几次简短的“职业体验”呢？这样既能尽快了解社会，又能对自己个人能力有很好的洞察和锻炼。

“职业体验”的方式有很多种，我们可以去专门的职业体验中心，作为高中生，我们更可以以班级为单位或者成立一个小组，发掘和运用大家的家长资源、已毕业校友资源，通过短期实习、访谈、参观等方式进行职业体验活动，体验过后，形成总结，这对我们今后的学习和生活都有很大帮助。

三、 学习成绩和领导力

美国青少年领导力开发的创新专家凯瑟琳·科说过：“领导力和学生学习就像两个焊接在一起的东西，不可分割。”

中国的学校和家长普遍关心学生在校期间的学习成绩问题，领导力的培养有助学习。原因很简单，学习和领导力都需要有创造力的思考过程，学生如果关注社会的焦点问题，比如环境污染、身体健康、社会保障等问题，那么他们会更积极主动地去探索、去参与。

从某种程度上说，领导力开发正是培养学生们一种主动学习、主动思考的能力，而这和中国教育界当下推崇的“以学生为中心”的教育模式十分契合。比如化学课的老师，他希望学生能将自己所学的学术知识和现实的应用结合在一起，给学生出了这么一道题——“怎样把社区的地沟油变成有机燃料”。这要求学生既懂得严密的方程式，能够把地沟油变成有机的燃烧用油，又懂得去和社区里的人打交道，前者需要学生去学化学，后者则要求他们去实地调研，并和普通民众沟通。

探究活动一

你的高中生活已经开始一段时间了，想想自己除了学习之外，都参加了哪些学校、班级管理的工作和社会实践活动，在过程中收获了什么？还有什么不足的地方？未来的高中生活还想参与到哪些活动中去？（请填写下列表格）

学段	（工作）活动的简要说明	收获	不足	理想中的情况
高一上				
高一下				
高二上				
高二下				
高三上				
高三下				

探究活动二

校园文化艺术节即将开幕，作为学生，你所期待的校园文化艺术节是怎样的呢？如果今年聘请你为艺术节的总策划，你会有什么样的想法和创新呢？请试着为今年的艺术节做份活动策划书吧。

“　　　　”艺术节策划书				
艺术节目的				
艺术节主题				
艺术节机构设置（包括机构名称、职能介绍、人员安排）				
活动宣传				
	活动名称	活动简要介绍	实施步骤	参与对象
主要活动一				
主要活动二				
主要活动三				
艺术节总结、表彰				
艺术节各项活动保障（包含经费、设备、奖品等）				

探究活动三

一个人要获得成功，或领导他人，就必须拥有良好的人际交往能力。如果你是一个班级、一个社团或者学生会的干部，请试着带领你和你的同学共同完成接下来这个团体活动。

活动名称：岛屿求生

活动目的：沟通能力、沟通技巧的培养和团队协作精神的培养

活动准备：

1. 人员：分为四个小组，每小组6—8人
2. 时间：20分钟
3. 场地：操场或空地
4. 道具：眼罩；岛屿分布的标识；角色及任务说明书。

活动过程：

1. 介绍活动的目的和活动的主要内容。
2. 分组并介绍角色。

第一组：扮演健康岛上的居民，都是健康人；

第二组：扮演瞎子岛上的居民，能说但看不到；

第三组：扮演聋哑岛上的居民，能看到但不能说；

第四组：扮演人造渡船。

活动的目标是要将不健康的人转移到健康岛上去。

3. 分小组实施活动

第一组（健康岛）

小组轮船失事，漂流到了健康岛，岛上成员必须完成以下两项任务：

任务一：

在岛上，居民们发现三个“土著人”陷入沼泽地，任务是“营救人”用“小竹排”顺利地把“土著人”营救。

规则：1. 三人扮演“土著人”，三人扮演“营救人”，只有一个“营救人”和一个“土著人”会驾驶“小竹排”；

2. 由于语言不通，“土著人”怀有敌意，因此在任务环节“营救人”必须多于土著人，才能避免被伤害；

3. “小竹排”一次最多只能搭载两人。

任务二：

将“聋哑岛”和“瞎子岛”上的居民运送到健康岛。

第二组（聋哑岛）

轮船失事后，船员们漂流到了“聋哑岛”，因漂流疲劳，全体成暂时“失声”，集体不能说话。

任务一：用三张报纸做两只救生船。

任务二：指导“瞎子岛”上的居民完成任务后，通过人造渡船引渡到“聋哑岛”，最后两个岛上的人一起到达“健康岛”。

第三组（瞎子岛）

轮船失事后，船员们漂流到了“聋哑岛”，因海水刺激，全体成暂时“失明”，集体不能看见任何东西。

任务一：每个人在岛上寻找一棵治疗“失明”的仙人球。

任务二：每个人必须把小球扔进盒子里才能“复明”，搭乘“人造渡船”前往瞎子岛。

第四组（人造渡船）

用人体搭建人造渡船，运送三个岛屿的人员到达目的地。

规则：

1. 不能登上岛屿；

2. 不能对外说话，只能内部沟通。

所有的环节必须在20分钟之内完成。

在这个活动中，成员们可以充分地体会到各个部门、各个环节的相互配合和协作、理解沟通、团队合作精神十分重要。

补充练习一

你现在是一个领导者，还是一个跟随者？

序号	题　　目	否（0）	是（1）
1	别人拜托你帮忙，你很少拒绝吗？		
2	为了避免与人发生争执，即使你是对的，你也不愿发表意见吗？		
3	你遵守一般的法规吗？		
4	你经常向别人说抱歉吗？		
5	如果有人笑你身上的衣服，你会再穿它一次吗？		
6	你永远走在时髦的前列吗？		
7	你曾经穿那种好看却不舒服的衣服吗？		
8	开车或坐车时，你曾经咒骂别的驾驶者吗？		
9	你对反应较慢的人没有耐心吗？		
10	你经常对人发誓吗？		
11	你经常让对方觉得不如你或比你差劲吗？		
12	你曾经大力批评电视上的言论吗？		
13	如果请的工人没有做好，你会反映吗？		
14	你惯于坦白自己的想法，而不考虑后果吗？		
15	你是个不轻易忍受别人的人吗？		
16	与人争论时，你总爱争赢吗？		
17	你总是让别人替你做重要的事吗？		
18	你喜欢将钱投资在财富上，而胜过于个人成长吗？		
19	你故意在穿着上吸引他人的注意吗？		
20	你不喜欢标新立异吗？		

总计得分：________

测试说明

评分标准：回答“是”得 1 分，回答“否”得 0 分。

分数为 14—20：是个标准的跟随者，不适合领导别人。喜欢被动地听人指挥。在紧急的情况下，多半不会主动出头带领群众，但很愿意跟大家配合。

分数为 7—13：你是个介于领导者和跟随者之间的人。你可以随时带头，或指挥别人该怎么做。不过，因为你的个性不够积极，冲劲不足，所以常常是扮演跟随者的角色。

分数为 6 以下：是个天生的领导者。个性很强，不愿接受别人的指挥。喜欢使唤别人，如果别人不愿听从的话，就会变得很叛逆，不肯轻易服从别人。

补充练习二

领导者成功测试

序号	题目	是	否
1	你是否确定了具体的职业目标？		
2	你是否制定了某一时期内实现目标的职业计划？		
3	你是否有更高的愿望？		
4	你的愿望是否切实可行？是否与你的能力相符？		
5	你随时准备去冒险，不怕犯错误和失败吗？		
6	你将重新安排工作吗？		
7	你忠实地为你的团队负责吗？		
8	你坚信能使自己幸运吗？		
9	你是否为在工作中取得最好成绩努力工作？		
10	你是否知道和了解你的团队的发展目标（这是成功的真正关键）？		
11	在你任职期间，你是否为团队取得几项成就？		

序号	题　目	是	否
12	你是否充分发挥了你的才能?		
13	你是否在培养(或使用)你的社交能力?		
14	你的工作是否使你很出众?		
15	你是否享有诚实、正直、可靠三者之一的声誉?		
16	你的消息灵通吗?		
17	你是否为实现你的职业目标而制定步骤?		
18	你是否是第一个提出将影响团队发展的积极或消极因素的领导者?		
19	你是否从其他人的成功和失败,尤其是典型事例中,吸取经验教训?		

测试说明

0—3 个"否":是一个领导者!

可能已经获得成功,或者正在走向成功,喜欢你所做的一切,因而正在做正确的事情或致力于把工作做得更好。

0—7 个"否":陷于麻烦!

①你应花费时间去检查一下你的生活和工作目标(你想从你的生活和工作中得到什么东西?);②你目前的职务、作用和责任是什么?(你是否喜欢你所做的事情,并把它做好?);③你所做的工作达到了什么程度?(你的努力是否达到了你的个人目标。)

8 个以上"否":你不适合做领导。

拓展阅读

中国古代有这样一则寓言

鲁国的单父县缺少县长，国君请孔子推荐一个学生，孔子推荐了巫马期，他上任后十分努力与勤奋，披星戴月，废寝忘食，兢兢业业工作了一年。结果使单父县大治！不过，巫马期却因为劳累过度病倒了。此时，国君又来请孔子再推荐一个人。于是，孔子推荐了另一个学生宓子贱。

子贱弹着琴、唱着小曲就到了单父县，他到任后就在自己的官署后院建了一个琴台，终日鸣琴，身不下堂，日子过得是有滋有味，有情有调，很滋润。一年下来单父县依然大治。后来，巫马期很想和子贱交流一下工作心得，于是他找到了宓子贱。

宓子贱是一个不到三十岁的小伙子，有着健康的身体和充沛的精力。在他的面前，巫马期感觉到了一定的压力。但作为师兄弟，大家还是开始谈话。

两个人的谈话是从寒暄客套开始的，不过很快就进入了正题。巫马期带着崇拜的眼神，羡慕地握着子贱的手说："你比我强，你有个好身体啊，前途无量！看来我要被自己的病耽误了。"子贱听完巫马期的话，摇摇头说："我们的差别不在身体，而在于工作方法。你做工作靠的是自己的努力，可是事业那么大，事情那么多，个人力量毕竟有限，努力的结果只能是勉强支撑，最终伤害自己的身体；而我用的方法是调动能人给自己做工作，事业越大可调动的人就越多，调动的能人越多事业就越大，于是工作越做越轻松。"

看到这个故事后，你觉得你更倾向于他们中的哪一个呢？同样是做好一件事，作为一个领导者，巫马期凭借的是自己的勤奋，但最后耗尽了心血；而宓子贱凭借的是他灵活的思维和出众的领导力，将所有的人和事充分调动起来，完成了目标，也树立了威信。所以，领导者可以不必特别擅长某些专业领域的工作，关键能调动那些专业人士为自己工作。

（编写：王　毅）

第五节　职业观念

提起职业，很多同学会认为这是离我们非常远的一件事情，起码在现阶段，我们还不需要为职业做些什么。如果你也是这么想的，快来看看下面两个真实的故事吧。

华语歌坛回避不掉的人物

周杰伦这样评价方文山："没有方文山，我的歌不会这么成功。"确实，作为继林夕之后华语歌坛最优秀的词作人，方文山的歌词充满画面感，文字剪接宛如电影场景般跳跃，在传统歌词创作的领域中独树一帜。但是你知道吗，他曾经只是一个送外卖的小哥。

电子专业毕业的方文山，理想却是做一个优秀的电影编剧，为了圆自己的编剧梦，他在台北苦苦打拼，做过防盗器材的推销员，还曾帮别人送过外卖，送过报纸，做过中介、安装管线工等工作，但他从未放弃过自己的梦想，当时的台湾地区电影行业的整体滑坡让他看不到希望和出路，他开始调整自己，发挥自己文学方面的特长，把目光放在歌词创作上，希望能通过创作歌词这个渠道进入自己喜欢的电影圈。他把大量的时间花在了创作歌词上，并且从自己的作品中选出比较满意的100首集结成册，并且把这些册子给几个当时最红的歌手和制作人看。

长久你的坚持换来了回报，直到有一天他接到吴宗宪的电话，同时吴宗宪还签下了一位会弹钢琴的小伙子，他就是周杰伦。被吴宗宪发掘后，方文山正式进入华语流行音乐界，和周杰伦结成黄金搭档，被广泛接受和认可，真正地成为了"华语乐坛回避不掉的人物"。

寻找适合自己的那块"土地"

小夏今年32岁，现在的她和自己老公在合肥的一个电脑城三楼有了自己的商铺，主要经营电脑配件和电脑耗材，店面虽小，可是货品满满当当，店铺里每天都是人头攒动，电话也是此起彼伏，生意很红火，可是谁能想象十年前的她带着生物教育本科毕业证书走出师范大学的时候是多么迷茫无助。小夏大学毕业后考取了县城的教师编制，被分到了一所乡镇中学教初中生物，这是一所比较偏远的乡镇中学，学生很少，小夏被分在初一年级，总共就4个班，每个班只有20多个人，尽管条件很艰苦，但是小夏不在乎。

工作了几个月后，小夏却发现学校里的一些现象让自己很泄气，因为是乡镇中学，并且历年来也没有很好的升学率，自然生源也不会太好，学校的老师大多数都很懈怠，更谈不上开展教研活动，"上课一本书，从头开始读"这样的教学方式很普遍，而小夏的认真教学却反而在学校成了异类，同事们不理解，学生们不配合，每天混日子般的生活让小夏失去了毕业时的踌躇满志，她觉得自己快要窒息了，如果不能适应这种生活，那就必须改变。做了一年半的生物教师后，小夏辞去了自己的工作，这被很多人不理解，因为谁会放弃稳定的教师编制呢？但是小夏心里明白，自己需要的是什么，一成不变的甚至呆板陈旧的生活方式会磨灭自己的意志。辞职后的小夏想自己创业，迎接生活的挑战，可能会有艰辛和磨砺，但是会在磨砺后找到最适合自己的那片土地。

由于每个人的职业价值观不同，因而才有个体之间对于职业的不同选择，职业价值观决定了人们的职业期望，影响着人们对职业方向和职业目标的选择，决定着人们就业后的工作态度和劳动绩效水平，从而决定了人们的职业发展情况。哪个职业好？哪个岗位适合自己？

从事某一项具体工作的目的是什么？这些问题都是职业价值观的具体表现。上面的两个故事都涉及职业观念。什么是职业观念呢？职业观是指人们对某一特定职业的根本看法与态度以及他对职业目标的追求和向往。理想、信念、世界观对于职业的影响都集中体现在职业价值观上。个人的职业价值观和单位的职业价值观也会存在差异，所以小夏不能适应原来的刻板的工作环境，而选择了自主创业。因此，我们不仅要了解自己的职业价值观，还要了解不同企业不同单位的职业价值观。以求个人与就业单位职业价值观相匹配，提高职业幸福感。

一、你想了解自己的职业价值观吗？

我们在为自己做职业生涯规划之前，一定要清楚和明确自己的职业价值观。职业价值观决定了哪些因素对你是重要的，哪些是不重要的；哪些是你优先考虑和选择的，哪些不是。

（一）职业价值观大抉择

咱们来做个游戏吧！请同学们在下面的《职业观测试表》中，按照自己的喜好程度从1—15进行排序。

编号	项目	工作的意义和目的	我的排序
1	利他主义	提供机会为大众谋福利。	
2	美的追求	致力于使这个世界更美好。	
3	创造发明	喜欢与众不同，喜欢创新。	
4	智力激发	提供独立思考、学习和分析事理的机会。	
5	独立自主	以自己的方式和步调来进行，不受太多限制。	
6	成就满足	能看到努力工作的具体成就，并因此获得精神上的满足。	
7	威望地位	提高个人身份或者名望，受到他人的推崇或者尊敬。	
8	管理权力	赋予个人策划工作、分配工作及管理下属的权力。	
9	经济报酬	获得优厚报酬，使有能力购置想要的东西。	
10	安全稳定	提供安定生活的保障，即使经济不景气也不受影响。	
11	工作环境	能在良好舒适的环境下工作。	
12	上司关系	能与主管平等且融洽相处，获得赏识。	

续 表

编号	项目	工作的意义和目的	我的排序
13	同事关系	能与志同道合的伙伴一起愉快地工作。	
14	多样变化	工作内容富于变化,不枯燥。	
15	生活方式	能选择理想的生活方式。	

找出排序最前面的五项,填写在下面的表格里,并和同学们讨论,找出自己较为理想的职业,并说说你为什么觉得这五项很重要。

排序	我的职业价值观	理想的相关职业
1		
2		
3		
4		
5		

(二) 价值观与职业类型对应表

职业专家通过大量的调查,从人们的理想、信念和世界观角度把职业分为六大类:自由型、自我满足型、支配型、自我实现型、志愿型、技术型。

职业价值观	特点	适宜从事的相应职业
自由型	不受别人指使,不愿受人干涉,希望充分展示本领。	室内装饰专家、摄影师、音乐教师、作家、演员、记者、诗人、作曲家、编剧、雕刻家、漫画家
自我满足型	优越感很强,很渴望有社会地位和荣誉,希望受众人尊敬。	记账员、核算员、会计、银行出纳、法庭速记员、成本估算员、税务员、打字员、办公室职员、计算机操作员、统计员、秘书
支配型	迫切希望指挥别人的行为,对他人的想法关注较少,侧重于自己目标的实现,且因此感到无比快乐。	推销员、进货员、商品批发员、旅馆经理、饭店经理、广告宣传员、调度员、律师、政治家、零售商
自我实现型	不心系平常的幸福,一心一意想发挥个性,追求真理,不考虑收入、地位及他人对自己的看法,尽力挖掘自己的潜能施展自己的本领,并视此为有意义的生活。	气象学家、生物学家、天文学家、药剂师、动物学家、化学家、科学报刊编辑、地质学家、植物学家、物理学家、数学家、实验员、科研人员、科技工作者

续 表

职业价值观	特点	适宜从事的相应职业
志愿型	富于同情心，把他人的痛苦视为自己的痛苦，不愿做表面上哗众取宠的事，把默默地帮助别人视为无比快乐。	社会学家、福利机构工作者，导游、社会工作者、社会科学教师、护士
技术型	认为立足社会的根本在一技之长，靠技术吃饭既可靠又稳当，因此钻研一门技术。	木匠、农民、工程师、飞机机械师、自动化技师、野生动物专家、机械工、电工、司机、机械制图等

职业价值观是一个复杂的多维度的心理因素，对职业的选择和衡量需要多种要素的参与，但各要素起的作用是不同的。从当前的实际来看，许多调查显示，求职者的职业价值观越来越重视发展因素，而对保健因素和声望因素的重视程度则因人而异，差别较大。

二、 我们的职业价值观会发生改变吗?

个人职业价值观有一个形成过程，它是随着知识的增长和生活经验的积累而逐步确立起来的。个人的职业价值观一旦确立，便具有相对的稳定性，形成一定的价值取向和行为定势，是不易改变的。但就社会和群体而言，由于人员的更替和环境的变化，社会或群体的价值观念又是不断变化着的。因此，同一个人的职业价值观会受到以下几个因素的影响。

(一) 个体认知

著名主持人张越高中时代的梦想是当一名作家，然而大学却在首都师范大学里学习如何教中文。在她看来，这是非常矛盾非常荒唐可笑的，大学四年于她，别扭之极，她甚至想到了退学。可是命运却与她小小地开了一个玩笑：当她第一次站在讲台讲课的时候，她感到了语言的飞速流泻，她感到了思想倾泻的快乐：自己该是个多么好的教师啊！于是，张越快乐地当起了中学语文老师。而张越走上主持人舞台，纯粹是偶然的必然结果。

在做教师的闲暇时间里，凭着扎实的文学功底和创作欲望，张越开始为电视剧写剧本，还参与了一些电视节目的策划。或许无心插柳，但是这些职业不仅开阔了她的视野，而且极大地丰富了她的“触电”经验，为日后的成功跳槽主持人这个行业奠定了良好的基础。有一次，她参与了一个名叫《美梦成真》节目的幕后策划，来报名的女孩子大多数梦想是当明星、歌星、模特，可节目不能总围绕着这三个“梦想”打转，于是，制片人强烈希望寻找一位有个性的嘉宾，张越半开玩笑的一句话——“我想当白案厨子”，就是这句话，为她的主持人事业拉开了序幕。她还十分认真地当了一天的厨师，认真地学了一天如何做菜，认真地站在镜头前表达感受——面对镜头的老练不由得使制片人谢清开始琢磨：张越还挺适合当主持人啊。就这样，张越成为了一名节目主持人。

张越从想当作家到快乐地当老师再到做著名主持人的经历恰恰是她个体认知不断发展的过程。

（二）家庭环境

1. 个人职业价值观受到家庭环境的影响。

研究人员发现父母的职业价值观会对孩子职业价值观产生影响。在家庭生活中，父母给孩子灌输了何种工作理念，会影响孩子们对自己将来工作的看法。尤其是父亲对孩子的工作理念影响很深，如果父亲是以谋生为导向的工作者，那么孩子也更倾向于成为以谋生为导向。母亲对孩子的工作观也有影响，研究发现，小时候与母亲非常亲近的孩子，长大后不愿意简单地将工作当作谋生或谋取社会地位的手段。尤其是如果父母双方都是以奉献为导向的工作者，他们的孩子也会成为以奉献为导向的工作者，他们的孩子会更有信心忽略社会压力，坚定地追求自己的梦想。

小宇今年 18 岁，是一名高三应届毕业生，在今年的高考中，他成绩优异，超一本线 30 多分，但在填报志愿时，他放弃了填报合肥工业大学的土木工程专业，选择了安徽医科大学的高等护理专业，身边的朋友、同学都对他的选择感到意外，认为一个男孩子理所当然地要选择工科专业，护理专业应该是女孩子的选择。对于为什么选择这个专业，小宇却有自己的看法，原来，小宇的妈妈就是安徽医科大学第一附属医院的一名护士长，她工作努力敬业，对病人关爱有加，小宇从小耳濡目染，被妈妈这种无私奉献的精神感动，于是，小小的他内心就产生了这样的愿望——成为像妈妈那样无私奉献、不计得失的人。所以在填报志愿时，他义无返顾地放弃了工科专业，选择了护理专业。

小宇的职业价值观属于典型的奉献型职业价值观，这与他母亲所从事的职业，以及母亲所具有的职业价值观是息息相关的。

国内教育就业调查公司麦可思的调查研究发现，来自不同家庭的大学毕业生在自主创业方面存在着差异。据他们调查，大学毕业生创业受其家庭的企业家文化影响较大，2008 届大学毕业生中，来自“私营企业主”、“企业经理人”、“个体工商户”等家庭的毕业生的自主创业比例最高。由此可见家庭因素的潜在影响。

2. 个人职业选择受到家庭环境的影响。

热播的电视剧《辣妈正传》中的女主角夏冰本来是一位时尚的职业女性，从公司前台做到总编助理。正当夏冰在事业上做得风生水起时，她的家庭生活发生了巨大变化：女儿出生，婆婆得了老年痴呆症，丈夫的公司破产。

万般无奈下，夏冰选择了放弃工作，回归家庭。虽然心中万分不舍，但是，夏冰认为这个时候家庭更需要她，她也渐渐适应了家庭生活，当家庭生活安顿好后，夏冰再次重返职场，事业、家庭双丰收。

家庭环境会影响个人职业选择，所以我们在做职业选择的时候要平衡好家庭与个人职业追求的关系。

（三）社会环境

社会的不断发展和进步会对个人的职业价值观产生影响。

中国教育学会教育统计与测量分会理事长冯伯麟研究发现，20 世纪 80 年代青年人选择职业最重要的标准几乎都是为了满足“自我实现需要”的发展因素。进入 21 世纪，人们的择业观有了很大的改变，这一改变反映了中国社会体制改革所带来的人们观念上的变化。由于社会竞争加剧，住房难、就业难等一系列问题迫使人们必须高度重视“经济报酬”、“福利待遇”等保障性因素。大学生村官职业价值观的一个突出特点就是重“实利”而轻“虚名”。

他们放弃了都市的繁华，以“天之骄子”的身份到农村工作，希望在农村开创一番事业，在满足自身物质需求的同时，实现职业理想。

李欢欢是蚌埠学院 2009 级经济管理系的学生，她报名参加了大学生村官考试。对农村，李欢欢说她是再熟悉不过了，因为那是她的家乡。作为一个从大山里走出来的孩子，把学到的东西运用在家乡的建设上，为自己的乡亲服务，帮助他们改善生活条件，对她来说是一件令人激动的事。开始父母不太同意她再回去，妈妈说：“咱好不容易才脱离农村，你看别的考出去的人都是往城里跑，你怎么还想不开要回来啊。”她对父母说，三年的农村经历肯定会让她在经验和能力上有所增长，对她的人生是一次提升。就是以后不再继续在这个岗位上做下去了，“村官”这个选择，对今后的择业也有好处，对考研、考公务员都有好处，国家的优惠政策让她没有后顾之忧。父母现在已经转变态度，都支持她了。她相信她年轻的生命一定会怒放在村庄里。

长期以来人才似乎只有从农村到城市的单向流动。现在国家鼓励大学毕业生当“村官”，并且制定了一系列优惠政策吸引大学生当“村官”，解决了大学毕业生回村当官的后顾之忧，让他们冲破身份、城乡、地域等阻碍人才流通的高墙，奔向广大基层农村。社会环境的变化和发展也在影响着个人的职业价值观。大学生“村官”是在解决“三农”问题，构建社会主义新农村的形势下应运而生的，而国家对“大学生村官”政策的推进、深化也对大学生职业价值观产生了巨大的影响。

（四）传统职业价值观

我国传统文化博大精深，历史悠久，传统文化对个人职业价值观影响深远。例如“学而优则仕”等传统文化观念至今仍对当代青年学生有广泛的影响。在一次调查中，64.8%的大学生选择了党政机关、教育科研单位、医疗卫生和金融机构。

2010年成都春季特大型人才招聘会暨高校毕业生供需洽谈会出现一种现象——宁愿当低工资的“白领”，不愿干高工资的“蓝领”。“当服务员好让人笑话哦，我不愿意。”“我读了4年书，让我当服务员，肯定不干。”尽管大学生们梦想着有一份高薪水的工作，但是，在面临是要高工资还是要“白领”身份时，大多数的大学生选择了“白领”身份。一名王姓同学说，父母花几万元供自己读了4年大学，如果毕业后干的是服务员，不但对不起父母，也会遭到同学和亲戚的嘲笑。大学生们普遍认为，尽管服务员目前工资高，但是没有发展前途，而文员等公司底层工作则有可能由于自身表现好得到提升。

对于大学生这样的理解，一位餐饮企业的招聘主管说，他们需要的并不是一般意义上端茶倒水的服务员，而是能为客人提供营养餐搭配等高端服务的职员，这样的员工不但要具备服务员的专业技能，还要具有医学、营养学等专业知识。这位负责人提醒求职中的大学生，不要片面理解职位的意思，更不应该存在“身份歧视”。

三、 企业价值观与个人价值观的关系与匹配

科技以人为本。（诺基亚）

让我们做得更好！（飞利浦）

温暖亲情，金龙鱼的大家庭。（金龙鱼）

……

这些都是我们耳熟能详的广告语，大多数的企业广告语都浓缩精炼，都体现了企业的宗旨和服务理念，让人过目不忘，也在很大程度上折射了企业的核心价值观。

（一）企业的价值观是什么

企业价值观，是指企业在追求经营成功过程中所推崇的基本信念和奉行的目标，是企业全体或多数员工一致赞同的关于企业意义的终极判断。这里所说的价值是一种主观的、可选择的关系范畴。

一事物是否具有价值，不仅取决于它对什么人有意义，而且还取决于谁在作判断。不同的人很可能作出完全不同的判断。

企业的价值观分别可称为“致富价值观”、“利润价值观”、“服务价值观”、“育人价值观”。如一个把判断作为本位价值的企业，当利润、效率与创新发生矛盾时，它会自然地选择后者，使利润、效率让位。同样，另一些企业可能认为企业的价值在于致富，企业的价值在于利润，企业的价值在于服务，企业的价值在于育人。当然，这样的定义只是侧重企业更多追求的某个方面而言的。例如：致富价值观的企业更多的关注在企业的最终发展和结果上，把企业的最终目标放在使企业的规模更大和实力更强上；而利润价值观的企业更注重企业的盈利，把积累财富作为最终的目标；服务价值观的企业会更多关注企业在社会的价值体现，以及自身为社会作出的贡献上；而育人价值观的企业关注员工的发展，在培养员工上加大物力财力的投入力度。而根据企业价值观评测系统分类的企业价值观共有四种类型，它们分别是：创新类、规则类、人本类、个性类。

1. 创新类价值观

从创新类价值观的角度来看，很多 IT 企业都属于这个类型。

世界 500 强企业——华为，创业初期，华为面对国外的强大竞争对手，技术相对落后，生存受到了极大的挑战。公司意识到没有创新，就不能生存下去。所以，一开始它就把重点锁定在通信核心网络技术的研究与开发上。他们把利润全部投入到升级换代产品的研究开发中，形成了自己的核心技术。

鼓励创新的同时更要坚持对创新人才的培养，华为也非常重视对研发人才的投入和积累，华为员工总数的 48% 被公司投放到研发部门。为激发员工技术创新的积极性，华为出台了“多阶段奖励政策”等一系列专利创新鼓励办法，保证发明人全流程地关注其专利申请，每项重大专利可获得 3 万元至 20 万元的奖励。华为已经在国内外设了多个技术研发点。通过跨文化团队合作，不仅实施了全球同步研发战略，也为华为输入了大量的高质量研发人才。持之以恒的技术研发为华为取得技术优势和产品核心竞争力奠定了坚实的基础。

华为公司在企业发展的过程中，更多地考虑了创新的作用，而对于大多数 IT 行业说，也作出了相同的选择，因为 IT 业的更新速度之快、发展平台之大，都需要技术和人才的创新。

2. 规则类价值观

电器产业的龙头——海尔公司的管理发展经历了三个平台，第一个管理平台是包括“十三条”管理规则的最基础的管理内容。随着企业的发展，海尔努力构筑了以强化质量管理为内容的第二个平台，形成了全方位动态优化管理，即“日清日高”的 OEC 管理法。由于严格而科学的管理，海尔创造了产品质量的“零缺陷”，用户使用的“零抱怨、零投诉、零距离”服务。

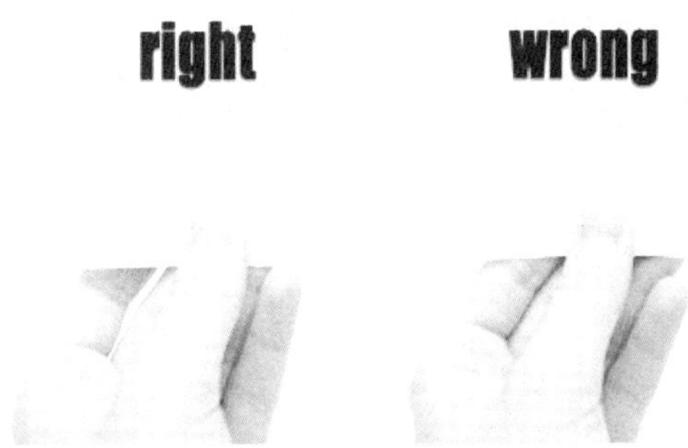

规则类价值观企业注重的是企业的规章制度的完成度，这些制度保证和促进了企业的发展，而企业视制度为最高标准，为企业的发展保驾护航。

3. 人本类价值观

海尔集团在成长过程中，形成了它独特的文化。张瑞敏总裁用简单的话对海尔文化作了概括：“我认为，企业文化就是一种企业的价值观。我们海尔的企业文化就是营造一种氛围，这个氛围是指，把个人奋斗同企业发展结合起来，你在实现个人价值的同时，也实现了企业的价值。”这个目标使海尔的发展与海尔员工个人的价值追求完美地结合在一起，每一位海尔员工将在实现海尔世界名牌大目标的过程中，充分实现个人的价值与追求。海尔文化不但得到国内专家和舆论的高度评价，还被美国哈佛大学等世界著名学府收入 MBA 案例库。

海尔的这种理念就是人本类价值观的体现，他坚持“以人为本”，并且注重企业员工的个体发展和成长，在此基础上，企业会因为成员个体的发展而实现自身的价值。

4. 个性类价值观

新东方英语培训可以说创造了一个奇迹，它的独特教育方式让更多的人爱上了英语，而就其作为一个企业来所，他的身上集中体现了企业具有的个性类价值观。正如俞敏洪说的：“新东方没有什么神奇之处，我们只是要求老师更加理解学生，知道学生想听什么，并且以恰当的方式把知识传授给学生。中国的传统教学讲究一板一眼，新东方喜欢活蹦乱跳；中国的传统教学以老师为中心，新东方以学生为中心。新东方有一句话：只有一堂让你自己感动的课，才能感动你的学生。而激情是打动人心的最重要的因素。励志就是那些让人听了热血沸腾的语言、故事和格言使学生从痛苦、失败和沮丧中振作起来，使他们感到生命开始充满力量，产生想冲向和拥抱整个世界的感受。幽默是在授课的过程中让学生感到老师的语言生动活泼，使学生在轻松愉快之余，接受各种知识。”

俞敏洪提出的对教师的要求也就体现了企业的价值观，新东方接受不同个性的教师，只要你的个性能够为学生接受，能够让学生感受到你的热情与能力，所以我们能够在新东方的课堂上看到把讲台变成舞台，用麦当劳式的英语教学模式，把英语变成一种激情式的享受，近似疯狂地讲着每一节课的是新东方基础二部主任，著名的口语、翻译、基础英语教学专家，新概念培训部的江博；发自本能地授课，真诚、自然、流利、有激情的语言天才，把对人生的理解、做人的理念融入与学生的每一次交流当中的是新东方 GRE 的词汇老师宋昊；这样个性鲜明的教师在新东方确实不胜枚举，这些都是由企业的个性类价值观决定的。

许多极具个性的教师齐聚"新东方",在这个舞台上展示着自己独特的个性,并且用自己独特的教学方式影响着学生,这些都是因为"新东方"作为一个企业,具有极具个性的企业价值观。

(二) 个人职业价值观与企业价值观的匹配

因为有了企业职业价值观,所以员工才知道自己身处这个企业,什么才是自己追求的目标,什么是可有可无的;什么是该做的,什么是不该做的;什么是可贵的,什么是要抛弃的。那么,个人职业价值观和企业价值观之间是怎样的关系呢?怎样才能达到一种和谐的状态呢?

企业价值观体现的是总体的共同价值追求,而不是个人职业价值观的简单相加。由于每个人都有着各自不同的价值观,为了不使这些千姿百态、异彩纷呈的个人职业价值观引导下的个体行为相互抵触、相互冲撞,进而相互耗损,导致其合力作用无法实现极大值和最优化,必须对个人职业价值观予以加工、提炼和升华,形成以共有价值观为核心的企业文化来统帅个人价值观。拥有共有职业价值观的企业成员不仅体现了个人的职业价值追求,而且站在更高的层面引导和改造着个人职业价值观,这个时候,企业价值观如同磁铁一样吸引员工的注意,能动地呼唤个人内心对于更大意义、更大目标的追求,使个人的行为自动导向总体目标,并在企业内部形成一股强大的合力,使个人在实现自身的价值和追求,得到最大程度的满足,实现人生意义的同时推动总体目标实现。

我们在对自己的个人职业价值观有了明确认识的基础上,对相关企业的价值观也应有深入的了解,个人的价值观与所属企业价值观的匹配度越高,个人的发展越充分,个人在企业中发挥的作用也就越大,个人的发展也更能推动企业的发展。

四、 我们如何树立正确的、适合自己的个人职业价值观呢?

(一) 处理好职业价值观与金钱的关系。

金钱是一种成就的报酬,它是在确定职业价值观时首先要面对的问题。有些经济条件不太好的大学毕业生在求职时,将金钱作为首选价值观,从根本上讲这并未有错。但是对于一些人来说,现在拥有的知识、能力、经验和阅历还不足以使其一走上社会就获得大量金钱回报。怀有一夜暴富的心理是不正常的,更是危险的,容易被社会上的不法分子利用,甚至误入歧途。特别是面对严峻的就业形势,更应理性地降低对金钱的期望值,把眼光放远一些,应尽可能地将自我成长和自我实现作为在毕业求职时的首选价值观。

(二) 处理好职业价值观与个人兴趣和特长的关系。

职业价值观、个人兴趣和特长是人们在择业时需要考虑的最重要的三个因素。在确定价值观时，一定要考虑它是否与自己的兴趣和特长相适应。据调查，如果一个人从事自己不喜欢的工作，有 80% 的人难以在他选择的职业上成功；而如果选择了自己喜欢的工作则可以充分调动人的潜能，获得职业发展的源动力。此外，选择一项自己擅长的工作，也会事半功倍。

(三) 处理好职业价值观的排序与取舍的问题。

职业价值观的特性决定人们不会只有唯一的职业价值观，人性的本能也会驱使人们希望什么都能得到，但在现实生活中“鱼和熊掌是不可兼得的”。然而在职业选择中，人们却不能理性对待。既然是选择，就要付出代价，只有舍，才能得。所以，要对自己的职业价值观进行排序，找出你认为最重要、次重要的方面，并提醒自己不可能什么都得到。否则就会患得患失，终其一生也不清楚自己到底想要什么，更谈不上职业生涯的成功和对社会的贡献。

(四) 处理好职业价值观中个人和家庭的关系。

家是人的港湾，个人要平衡好工作和家庭的关系。如果要得到生活的平衡，不妨认真思考一下对于自己来说什么是最重要的，自己所追求的最高目标是什么，如何才能使自己感到幸福。根据事情的重要程度列一张清单，要做的只是处理列在最前边的事情。当然，与家人良好的沟通可以让家人更多了解你，理解你，支持你。

(五) 处理好职业价值观中个人与社会的关系。

人不能离开社会而独立存在，个人只有在工作中为社会作贡献才能实现自己的职业价值。当然我们并不是说要忽略择业中的个人因素，只去尽社会责任，这样不但不利于个人，也是社会的损失。例如，让一个富于科学创造力、不善言辞的学者去从事普通的教师工作，可能使国家损失一项重大的发明，而社会不过多了一个也许并不出色的老师。我们反对的是只为个人考虑、毫不考虑国家和社会需要的职业价值观。

(六) 处理好职业价值观中个人和用人单位的关系。

我们要充分了解用人单位的价值观，思考自己职业价值观与企业价值观是否匹配。个人的价值观与所属企业价值观的匹配度越高，个人的发展越充分，个人在企业中发挥的作用也就越大，个人的发展也更能推动企业的发展。

（七）处理好淡泊名利与追逐名利的关系

当一个人有了名利才有资格去谈淡泊，没有名利说淡泊那叫“吃不到葡萄说葡萄酸”。名利是人的欲望使然，欲望可以使人成就大的事业，也可使人自我毁灭。以合理、合法、公正、公平的方式追名逐利在一定程度上对个人对社会都会有益，但它需要一定的度，该知足时则知足，该进取时则进取。

你了解吗？

随着社会的进步与发展，我们的身边出现了很多的新兴职业，看看下面的这些职业，你都了解哪些呢？选择这些职业的人，你认为他们的职业价值观都倾向于哪些因素呢？

1. 酒店试睡员

酒店试睡员就是通过体验酒店的服务、环境、卫生、价格、餐饮等多个方面，比如床垫软硬、空调冷暖、网速快慢、下水道是否畅通、淋浴水流是否过大等，调查后根据自己的感受写成报告，交给公司后在网上发布，为众多网友提供借鉴的一项职业。他们还需要收发、回复用户信件或问题，不定期接受媒体采访，维护个人博客，分享第一手酒店图片与影片。酒店试睡员要求年满 18 周岁，具有热情、理性还有异于常人的敏锐观察力与感受力，热爱旅游，乐于分享所见所闻，勇于冒险尝试新事物。

2. 旅游体验师

你想过游山玩水也可以成为一项职业吗？现在我可以告诉你，可以！旅游体验师可以免费跟随旅行团游山玩水，还能获得万元月薪，堪称“美差”，并且这项工作没有学历限制，只要求熟悉各地的旅游情况，另外文字表达能力强，会摄影，因为这样可以随时在线传播旅游心得，通过网络将旅游文字、图片或视频实时与网友在线共享，并最终对该条旅行线路给出综合评价，以供网友参考。

3. 牵犬师

牵犬师，英文为 Handler，台湾译为指导手，大陆称作牵犬师。在犬业发达的国家，牵犬师已经职业化。近几年来，流行于欧美的名犬赛开始在中国出现，专门驯狗、带狗参赛的职业牵犬师成了一种新职业。牵犬师是个非常辛苦的职业。很多牵犬师一年中有 200 多天都在犬展中度过。当然，每天收拾狗便，照顾狗吃喝、美容、训练，样样也少不了。同时，来自比赛成绩的压力也相当大，只有不断取得好成绩，才会争取更多的客户。

左撇子、懂英文是牵犬必备要素。牵犬师源于19世纪英国犬展，牵犬师“左手牵犬、右手拿枪”，如今，虽然牵犬师右手不拿枪了，但左手牵犬的习惯却保留下来。比赛时，按要求逆时针方向跑环形路线，牵犬师必须让犬位于自己的左侧，为了让评审对犬留下更深刻的印象，牵犬师的身体不能挡在犬和评审之间，也就只能左手牵犬。牵犬师用英文给犬下命令也因为犬类比赛源自英国，很多指令都由英文演化而来，而且英语单词简洁，往往一个词就能表达一个比较复杂的含义，赛犬容易理解。

同学们，人生最要紧的不是我们现在所处的位置，而是我们未来要去的方向。因此，我们要去努力发现最正确的发展方向，这种方向不一定是最佳的，但一定是最适合我们的，最能够实现自身价值的方向！

探究活动

模拟求职招聘

活动目的：

通过模拟招聘会，让学生更加清楚地认识到自己的职业价值观，以及未来发展目标。

活动材料：

1. 招聘启事。

招聘启事

2. A4 纸每人 1 张，铅笔或水笔各一支。

3. 面试的问题卡

面试问题卡

你是一个什么样的人？

从事该工作你最大的优势是什么？

为了求职成功，你在高中和大学阶段做了哪些准备？

你为什么要面试该工作？

你曾经引以为豪的成就是什么？

五年后你想成为什么样的人？

你如何保证自己能胜任该项工作？

父母对你应聘该工作是什么态度？

4. 面试聘书。

聘书
兹聘__________同志担任__________，任期__________。
聘用单位：
法人单位：

活动步骤

步骤 1：选择职业

在选择职业的时候，请同学们结合上文所讲的个人职业价值观和企业职业价值观的内容进行分析和选择。选好后请在卡片上填写你适合做的工作和希望进入的企业单位。

请写出选择这份工作的三条主要原因：

1. ____________________________________

2. ____________________________________

3. ____________________________________

步骤 2：小组交流

请每个小组内的同学们相互交流，听取小组对每位成员所选职业的意见。

步骤 3：模拟招聘会

同学们都知道，当前在求职的过程中，参加招聘是一个非常重要的步骤，你能否在短暂的几分钟内向招聘人员展示你的能力，证明你是某个职位的最佳人选呢？我们今天就做一个模拟招聘会。

(1) 选出四组，每组代表一个单位进行招聘，由两名同学担任面试官。

(2) 面试官出示招聘启事。

(3) 模拟招聘过程。

自我介绍(包括姓名、年龄、爱好、特长、胜任这项工作的优势等)

才艺展示

回答面试官问题

步骤 4: 面试官为录用者发放聘书,并解释录用的原因。

(编写: 张媛媛　程　凤)

第六节　财富人生

他为什么只贷一美元?

一个犹太人走进纽约的一家银行。“请问先生,我可以为你做点什么?”贷款部经理一边问,一边打量着这个西装革履的来者。

“我想借些钱。”

“好啊,你要借多少?”

“一美元。”

"只需一美元?"

"不错,只借一美元,不可以吗?"

"噢,当然,不过只要你有足够的担保,再多点也无妨。"经理耸了耸肩。

"好吧,这些做担保可以吗?"犹太人接着从豪华的皮包里取出一堆股票、国债等,放在经理的写字台上。"总共50万美元,够了吧?"

"当然,当然!不过,你真的只要借一美元吗?"经理疑惑地看着眼前的怪人。

"是的。"说着,犹太人接过了一美元。

"年息为6%,只要您付出6%的利息一年后归还,我们就可以把这些股票退还给您。"

"谢谢。"犹太人说完准备离开银行。

一直站在旁边冷眼观看的行长,怎么也弄不明白,拥有50万美元的人,怎么会来银行借一美元,于是他慌慌张张地追上前去,对犹太人说:"啊,这位先生……"

"有什么事吗?"

"我实在弄不清楚,你拥有50万美元,为什么只借一美元呢?你不认为你这样做很吃亏吗?要是你借30万、40万美元的话,我们也会很乐意……"

"呵,是这样的,在我来贵行之前,问过了几家金库,他们保险箱的租金都很昂贵。所以嘛,我就准备在贵行寄存这些东西,一年只需花六美分,租金简直太便宜了。"

同学们看了这个故事后都会感慨这个犹太人真是聪明,懂得换一种思维去处理问题。是啊,好一位理财高手!

"股神"巴菲特曾说:"一个人一生能积累多少钱,不是取决于他能够赚多少钱,而是取决于他如何投资理财,人找钱不如钱找钱,要知道让钱为你工作,而不是你为钱工作。"我们周边有很多人,看似平凡,却积累了不菲的财富,其秘诀在于他们大多注重理财。有句话叫"你不理财、财不理你",理财不是让大家树立对金钱的崇拜。但如果一点钱也没有,生活不会快乐;钱是一个必要条件,而不是一个充分条件,曾子墨如是说。那么如何规划好自己的财富呢?让我们走进下面的内容。

理财准备

什么是理财？简单地说，理财就是一门关于如何攒钱、花钱和省钱的学问。通过理财一方面使得自己的钱花得更有价值，尤其是对于寄宿制学校的学生而言，理财很重要；另一方面学会理财意味着提高了自己在经济上的自我保护能力，使得我们成为一个独立的个体，减少对他人的依赖度。怎样才能成为像那个犹太人那样的理财高手呢？《穷爸爸、富爸爸》这本书道出了其中的原委：要想成一个富人，首先要学会像富人一样地思考。的确，其实穷人与富人，最主要的差距是在：投资理财的观念上。因此，树立良好的投资理财观念是我们理财的重要前提。

要树立正确的理财观念，单有理财的意识还远远不够。比如我们还要明白投资理财的三个要素，一个是时间，一个是风险，一个是利润。这三个要素缺一不可。

活动探究：你能从三幅图中得到哪些启发？

图一 图二 图三

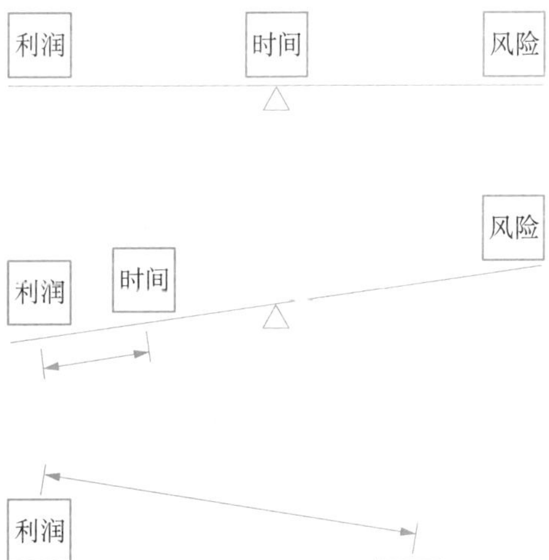

我们先来看一下时间，时间是一个非常重要的因素，没有时间，我们就完不成投资。只要给我一点本金，只要时间够长，我也能致富。比如说我要在退休后拥有100万的养老金，是一次拿100万出来，还是每个月存1 000元呢？答案是不言而喻的。同学们通过图二和图三的变化，可以看出：如果短期内追求利润，想一夕致富，风险就会上升，欲速则不达，任何一夕致富的投资机会，必定潜藏着更高的一夕致贫的风险。（图二）如果在较长时间内追求利润，风险就会下降。大家了解到投资的三个要素，肯定都希望利润越多越好，风险越低越好，时间越短越好。这是理想的追求，投资专家却不是这样做的。投资专家们经过多年的不断调整，总结出投资的基本理念，很多投资专家是在这些投资理念的指导下，来追求时间、风险和利润三者的均衡，以期获得更大的理财回报的。

那么投资有哪些基本理念呢？

一、理财致富要有足够的耐心

李嘉诚如何积累财富

15 岁丧父，辍学开始打工。

18 岁在塑胶厂做推销员，每天工作 16 小时。

22 岁筹资 50 000 元创办小塑胶厂。

30 岁挣得第一个 100 万，买下第一块地，自盖厂房。

1967 年香港房价暴跌，40 岁的李大肆收购土地。

1972 年香港股市大涨，长江实业上市吸收资金购地，当年李嘉诚 44 岁，成为千万富翁。

2014 年的福布斯全球富豪榜李嘉诚以 2 000 亿元人民币荣登全球富豪榜第 8 位，这一荣誉的取得都是长达 40 年的积累而来的。

李嘉诚告诫大家，20 岁以前，所有的钱都是靠双手勤劳换来的；20—30 岁是努力赚钱和存钱的时候；30 岁以后，投资理财的重要性逐渐提高；到中年时赚多少钱已经不重要，反而是如何管理钱比较重要，要想成为有钱人，就必须有足够的耐心。由此可见，投资理财首先要树立的理念就是：理财致富要有足够的耐心。

二、投资理财越早越好

财富积累并不神秘，无非就是积少成多，复利积累。假定一个 20 岁的人如果每年定期存款 1.4 万元，年平均收益率为 5%，那么在他 65 岁的时候就可以拥有 1.4 万×(1+5%)40≈169 万，他成了百万富翁。要是一直等到 40 岁甚至 50 岁时才开始投资，那么为了在 65 岁时得到 100 万元的资产，他每年就需要增加更多的投入。可见时间就是金钱，投资理财越早越好。同样的资金早 10 年投资回报将会有很大不同。所以越早投资也就越快获得财富。就算您早一天投资，也会比晚一天要好，这就是趁早投资理财的理由。让时间来给您创造财富吧！

三、多元化投资化解风险

有个小偷，在商场行窃时被抓到了警察局，警察发现这个小偷是惯偷，而且很少失手，于是好奇地问他:“你能告诉我,一般人怎样才能减少被偷带来的损失吗?”

扒手回答:“很简单——别把所有的钱,放同一个口袋。”

同样,投资界有一句至理名言——“不要把鸡蛋放在一个篮子里”。说的是投资需要分解风险,以免孤注一掷失败之后造成巨大的损失。那如何分散风险呢?有没有一个理想的“黄金搭档”呢?

答案是肯定的。著名经济学家哈里·马科维茨发展了一个概念明确的可操作的在不确定条件下选择投资的组合理论,被誉为“华尔街的第一次革命”。因在金融经济学方面做出了开创性工作,他还因此获得1990年诺贝尔经济学奖。下面我们就来简要介绍一下这个组合理论。

银行(现金):8%	
保障型保险:10%	此分配形式年回报率为:7.6%
债券:12%	
投资型保险:20%	年分配风险的区间为:3.5%—1.6%
基金(股票):50%	

理财实战

有的同学可能会有疑问,我没有多少钱,有理财的必要吗?其实理财并不是要等到有钱了才开始的,因为它涉及我们如何攒钱、如何生钱和如何用钱这三个部分。

1. 攒钱和花钱

小调查:同学们的钱从哪里来?你是怎么花钱的?请同学们发表对如何攒钱和花钱的看法。

不同的同学有不同的攒钱方法,只要是合法地获得财富的渠道都应得到保护和支持。但请注意,无论你的收入是多少,记得分成五份。

增加对身体的投资,让身体始终好用;

增加对社交的投资,扩大你的人脉;

增加对学习的投资,加强你的自信;

增加对旅游的投资,扩大你的见闻;

增加对未来的投资,增加你的收益。

保持这种平衡，逐渐你就会开始有大量的盈余。这是一个良性循环的人生计划。身体将越来越好，得到更多的营养和照顾。朋友会越来越多，存储许多有价值的人脉关系，同时，你也有条件参加那些非常高端的培训，使自己各方面的羽翼丰满，思维宽阔，格局广大，性格和谐。而你，也就能够逐渐实现自己的各种梦想，购买自己的需要的房子、车子，并且给未来的孩子准备一笔充足的教育基金。如果把收入看作是河流，财富看作是水库，那花出去的钱就像流出去的水。所以请大家记住——最初的财富，一定是攒出来的。

二、生钱

活动探究： 我们知道不要把所有的鸡蛋放在一个篮子里，那我们的篮子有哪些呢？

储蓄存款　股票　债券　基金　外汇　保险　收藏品　……

畅销书《邻居家的百万富翁》中举了一个例子，每年存 10 000 元，年回报能达到 8%，那四十年后收入大于 280 万。每年存 10 000 元，相当于每月存 830 元。如果你每月连 830 元都存不下来，那你理财的首要之务是储蓄，而不是其他投资。下面我们来认识一下储蓄这种便捷的投资方式。

1. 储蓄存款

由于现阶段众多家庭的投资风险承受能力有限，而且大多数人的金融知识有限，因此很多人愿意把资金投入到安全性高的商业银行。但是同学们，我们如何面对商业银行的众多储蓄存款业务呢？我们该如何选择最合适的储蓄品种呢？

日常的生活费、零用钱，由于需要随时支取，最适合选择活期储蓄。如果还有一些结余，不妨考虑选择零存整取的储蓄方式。当然，如果我们有一笔长期闲置的资金，可以考虑整存整取，因为存期越长，利息越高。很多银行理财经理都会给储蓄存款的人提供几种“处方”，供储户选择。

（1）接力存款

如果你每月都有固定结余，可选择接力存款。即每月都可将资金存一笔定期，存款到期后把本金利息再加上当月的结余再转存一笔定期。定期存款期限可以选择一年、三年或者五年。这样可以保证每月的结余都按定期存款，享受定期利率。而且当需要资金时，根据资金多少，提前支取当前存期最短的存款，也能最大程度降低利息损失。

（2）复利储蓄

如果你手里有一笔较大的资金，可以选择利滚利储蓄。把手里的闲置资金存为存本取息，然后每个月取出利息，再把每笔利息办成整存整取。这样能保证本金和利息获得最大程度的收益。

我们经常说起的现在银行的存款利率都是指单利，银行每年按这个利率计算利息，但是只在存款到期时才和本金一并支付给你。与此相对，还有一种支付利息的方法，那就是复利，就是说利息在每年的年末就支付给你，而不是存款到期后才一并支付，这样，上一年得到的利息在下一年就成了本金，在以后的每年中都可以得到利息，也就是通常所说的"利滚利"。

假定利率为2.88%，现在把1 000元存5年，分别用单利、复利计算利息，会出现怎样的结果？

单利计算：$1\ 000 \times 2.88\% \times 5 = 144$(元)

复利计算：$1\ 000 - 1\ 000 \times (1 + 2.88\%) \times 5 = 152.53$(元)

$152.53 - 144 = 8.53$(元)

你们可能会说，确实不一样，不过只几块钱的差异而已，没什么大不了的。可千万不要小看了这点小小的差异，在利率比较高、期限比较长的情况下，这个差别会大得惊人。

(3) 分开储蓄

当你觉得后期可能会使用到积蓄资金时，可以选择分开储蓄。比如你手里有10万元闲置资金，预计可能将来会使用部分资金，但是又不确定时间和金额，你可以把10万分为1万、2万、3万、4万多笔资金来存一年定期。一年内，你根据你需要的资金提前支取某笔或某几笔存款，这样能让未提取的存款获得定期存款利息收益。

(4) 阶梯储蓄

这种方式较适合生活支出有规律有计划的家庭。

假定你手中有5万元现金，你可以把它平均分成5份，用1万元开设一个1年期的存单，用1万元开设一个2年期的存单，用1万元开设一个3年期的存单，用1万元开设一个4年期的存单，用1万元开设一个5年的存单。1年后1万元到期后加新存入的钱改成5年期的，2年后1万元到期后改成5年期，以此类推，5年后最后一个到期也改成5年期，以后每年都有钱到期，都是5年期的，赚取高利息。

本金(万)	存期(年)	到期续存(年)
1	1	5
1	2	5
1	3	5
1	4	5
1	5	5

(5) 活期存款转通知存款

个人通知存款是存入款项时不约定存期，但约定支取存款的通知期限，支取时按约定期限提前通知银行，约定支取存款的日期和金额，凭存款凭证支取本金和利息的服务。

案例：

杨某将100万元人民币存入七天通知存款，2个月后，杨某即可获取多少的存款利息？

通知存款利息：

1 000 000×1.35%÷12×2＝2 250(元)

活期存款利息：

1 000 000×0.36%÷12×2＝600(元)

由此可见，通知存款利息比活期多了1 650元利息，这既保证了用款需要，又可享受高于活期利息的收益。

投资有风险，储蓄存款同样不例外。如果银行利率赶不上通货膨胀率时，就会出现负利率的情况。所谓负利率，即消费者物价指数(CPI)的上升导致存款利率实际为负的现象。比如通货膨胀率是7%，存款利率是4%。那么你的存款就会在来年缩水3%。如果你没有其他投资理财项目的话，你会发现，自己的财富购买力不但没有增加，反而随着物价的上涨缩水了，也就是所谓的存款实际收益为"负"的现象。其实抵御负利率的手段有很多，比如下面的投资方式：

2. 股票

牛顿算不准股市的疯狂

大名鼎鼎的牛顿就曾做过一个疯狂的股民。1711年，有着英国政府背景的英国南海公司成立，并发行了最早的一批股票。当时人人都看好南海公司，其股价从1720年1月的每股128英镑迅速攀升，涨幅惊人。4月份，牛顿用7 000英镑的资金，购买了南海公司的股票。两个月后，比较谨慎的牛顿把股票卖掉后，竟然赚了7 000英镑！但刚卖掉股票，牛顿就后悔了。因为到了7月，该股股价达到1 000英镑，几乎增值了8倍。于是，牛顿决定加大投入。然而此时的南海公司却出现了经营困境。6月，英国国会通过了《反泡沫公司法》，对南海公司等公司进行政策限制。没过多久，南海股票一落千丈，到了12月份最终跌为约124英镑，南海公司总资产严重缩水。许多投资人血本无归，牛顿也未及脱身，亏了2万英镑！

这笔钱对于牛顿来说无疑是一笔巨款，牛顿曾做过英格兰皇家造币厂厂长的高薪职位，年薪也不过2 000英镑。事后，牛顿慨叹："我能计算出天体运行的轨迹，却难以预料到人们的疯狂。"

同学们在高一《经济生活》中初步认识了股票，但是对股票仍然一知半解，也很感兴趣。那就让我们一起来了解一下吧。

（1）开户

（2）了解一些股票投资的基础知识

掌握股票证券、股票数据、股票知识、股票分析、股票入门知识等。这方面的知识可以从网上轻易获得。

（3）股票的分析方法

① 基本面的分析：

这是持股人看某只股票前景的重要分析手段。所谓的基本面，就是立足经济、行业和企业基本面的分析，尤其是企业的经营效益。观察企业的近年营业收益尤其是分析每个季度的经营状况有助于我们在恰当的时间购入或卖出手中持有的股票。

② 技术分析：

技术分析方法比较复杂，因为需要统计学和计量经济学的支撑，才可以实现。

这主要是用曾经的数据经验来预测未来，可以归为技术分析派。像我们有时候会看到人们议论，阴线、阳线、十字星等，这些或多或少都牵扯到了技术分析的理念。这方面很多种说法。

（4）股票投资的方法

A. 分散组合投资

◆ 第一层面选择不同行业股票；

◆ 第二层面在一个行业内选择不同的股票；

◆ 分阶段（分交易日、时间段）、分批买入股票或卖出股票，建议每次用同样额度的钱；

B. 长期投资

巴菲特的选股原则是："我们始终寻找那些业务清晰易懂，业绩持续优异，由能力非凡并且为股东着想的管理层来经营的大企业，我们不仅要以合理的价格买入，而且我们买入的公司的未来业绩还要与我们的估计相符。"

股市风险高，投资须谨慎。

3. 基金

如果你觉得自己羡慕炒股的高收益，又不懂股市或没时间关注股市的变化，来看另一种相对股市风险稍低的投资方式——基金。

一个普通人可以及时上手的投资

小王是某中学的老师。在 2007 年，办公室的同事们都在谈论基金的事，小王也开始对基金有了一些认识。这让平时不懂炒股、没有多少闲暇时间的他一下子来了精神，有这么好的投资项目为什么我才发现呢？于是，小王拿出了2万元人民币，准备到市场上搏一把。

在基金经理的推荐和同事的建议下，小王选择了一个颇有口碑的基金。没想到的是，那基金果然随着2007年的大牛市一路上涨。小王高兴坏了，心想按照这个涨法，没多少年，自己也能成为百万富翁啊！

可是好景不长啊，小王的如意算盘没打多久，美国发生了严重的次贷危机，中国市场受到冲击，股市一路看跌，小王的基金缩水不少。但令小王欣慰的是，与那些饱受冲击的股民比起来，自己的损失还是比较小的。

通过这个实力，我们可以看到基金的风险明显小于股票，那么原因何在呢？让我们透过基金的含义来了解一下基金的特点吧。

（1）基金是什么？通俗点说，就是我们把钱交给专业化的分析研究队伍去打理，基金经理拿着汇集起来的钱去做多种投资，从而降低投资风险的一种理财品种。

（2）如何选择基金？著名投资专家张昕帆在央视《理财教室》中，为大家介绍了基金投资的关注点：一看公司，二看产品，三看业绩。

① 看公司：一般看两种，大象型和猎豹型公司

大象型公司是系出名门，股东是国内大银行、大集团、大企业、国外大财团，抗风险能力强。

猎豹型公司没有那么大的股东背景，但是市场领悟能力强。大象型公司可以做长期稳健的配置，猎豹型公司则适合灵活、机动的配置。

② 看细节

优秀的基金公司，他们会把他们投资的理念传导给你，和你分享理念，一般的基金公司分享产品，总是在推行各种产品。

③ 看团队

优秀的公司有一条整齐的团队，并不是非常突出明星基金经理的作用。所以不要跟着那些明星基金经理来买基金，这是一个误区，基金经理没有10年8年未必能出徒的。有一句名言：我从来没有见过40岁以下的基金经理，不要看基金经理，而要看基金团队是否完整，因为基金团队才是公司最重要的资产。

（3）如何购买基金？

首先，你要看这个产品和自己的需求是否匹配，看产品时，你要看这个产品是高成长型（静止波动

会很高，每次有波动就不要大惊小怪的），还是股债平衡型（波动很低，但涨得慢一些），不要不了解就买，人的贪婪会变形的，到时候自己都不了解自己。

组合优良、投资理念成熟的基金公司是我们的首选。其次，我们还要正确看待公司的过往业绩。

第一，你要用发展的目光来看待这些东西（净值）。

第二，要历史地看基金业绩，看熊市的时候看它表现怎么样，所以老基金更值得你投资。

第三，要辩证地看，决不因为某些基金现在表现不好就说它不好，恪守自己的投资理念，也绝不因为某些基金表现非常高就开始追捧，你要看这些是怎么来的。

4. 网银理财

网上银行又被称为“3A银行”，因为它能够在任何时间（Anytime）、任何地方（Anywhere）、以任何方式（Anyway）为客户提供金融服务。它具有全面实现无纸化交易、服务方便、快捷、高效、可靠、经营成本低廉、简单易用等优点，自2007年以来中国网上银行市场发展迅速，交易额规模实现爆发式增长，各大银行纷纷将所有的银行业务都搬到了互联网上，深受大家的喜爱。那么如何进行网银理财呢？

（1）开通网银

多数银行的开通程序大体类似，以中国工商银行的开通程序为例：

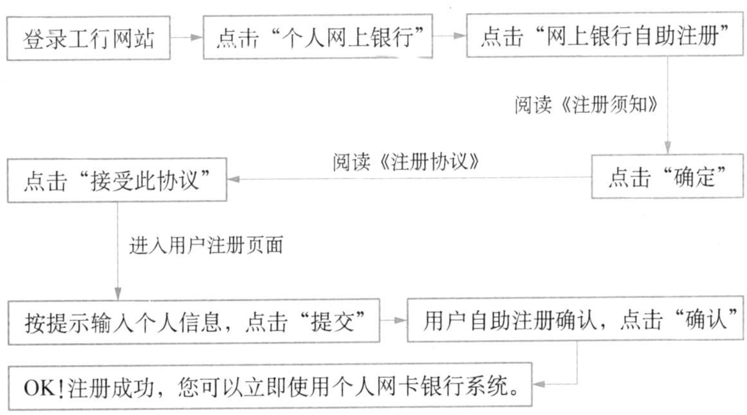

（2）网银功能

基本网上银行业务包括：在线查询账户余额、交易记录，下载数据，转账和网上支付等，可向客户提供开户、销户、查询、对账、行内转账、跨行转账、信贷、网上证券、投资理财以及其他贸易或非贸易的全方位银行业务服务。

如下图交通银行个人网上银行办理的业务：

(3) 网银理财的使用

网银理财的使用很简单,比如在交通银行购买基金,登录到账户之后,点击基金超市。

发现以下基金项目:

营养组合

组合名称	投资风格	最低投资金额	操作	操作
智慧选基激进成长型组合	成长型	7000.00	详细信息	购买
智慧选基标准成长型组合	成长型	7000.00	详细信息	购买
智慧选基标准稳健型组合	稳健型	5000.00	详细信息	购买
智慧选基保守稳健型组合	稳健型	5000.00	详细信息	购买
智慧选基积极保守型组合	保守型	5000.00	详细信息	购买
智慧选基标准保守型组合	保守型	4000.00	详细信息	购买

开放期基金推荐

基金代码	基金名称	收费方式	基金类型	费率	操作
160607	鹏华价值优势股票(LOF)	前收费	偏股型基金	查看	购买
020001	国泰金鹰增长股票	前收费	偏股型基金	查看	购买
163302	大摩资源优选混合	前收费	偏股型基金	查看	购买
070006	嘉实服务增值行业混合	前收费	偏股型基金	查看	购买
100029	富国天成红利混合	前收费	混合型基金	查看	购买
217008	招商安本增利债券	前收费	债券型基金	查看	购买
519078	汇添富增强收益债券	前收费	债券型基金	查看	购买

点击购买,交通银行会进行投资风险偏好测试,以评估你的风险类型。

如下图所示：

● 本组问题能够帮您了解自己实际承担风险的能力

1.您有足够的收入应付家庭日常开支吗？　是□　否□

2.如果遇到财务困难，急需用钱，您能借到钱渡过难关吗？　是□　否□

3.除了工资，您是否还有其他稳定的经济来源？　是□　否□

4.如果投资损失了部分钱，您能承受吗？　是□　否□

● 本组问题可以测试您在面对风险时所采取的态度

1.如果展示用的电脑样机能够打折，您会购买吗？　是□　否□

2.假如现在有一份工作比您目前工作的待遇好很多，但要承受非常大的压力，而且工作要求很高，您会选择吗？　是□　否□

3.您喜欢购买彩票吗？　是□　否□

4.如果投资出现亏损，您还能保持良好心态吗？　是□　否□

5.您是否极少犹豫不定、患得患失？　是□　否□

6.您是否宁愿购买高风险的股票也不愿意把钱存入银行？　是□　否□

7.您相信自己所作的决定吗？　是□　否□

8.您愿意独自作决定吗？　是□　否□

9.您面对股票交易行情屏幕，还能控制住情绪吗？　是□　否□

“是”的个数	对应的类型	投资取向
11~13	激进型	您是一位愿意承担高风险，以追求高收益的投资者，所以您在投资时可以重点配置权益类资产。
8~10	进取型	您是一位愿意承担部分高风险，以追求较高收益的投资者，所以您在投资时可以在权益类投资渠道上配置较多资产，也可配置部分非权益类资产。
5~7	平衡型	您是一位愿意承担一定风险，以便获取的收益高于平均收益的投资者，所以您在投资时可以在权益类和非权益类资产上作较平均的分配。
2~4	稳健型	您是一位为了安全获取眼前的收益，宁愿放弃获取高收益机会的投资者，所以您在投资时可以重点配置非权益类资产。
0~1	谨慎型	您是一位几乎不愿意承受任何风险的投资者，建议您将资产配置在最稳妥的渠道中，比如国债或货币市场基金，以获取利息和稳定分红，当然收益也是有限的。

根据测试结果，并按照你的测试类型，网站会给你推荐一些基金品种，按提示进行操作即可完成投资。

(4) 网银的使用安全。保持良好的使用和防护习惯，是可以有效保障网银的使用安全的。如以下方法的使用：

① 短信服务

建设银行网上银行提供了从登录、查询、交易直到退出的每一个环节的短信提醒服务，客户可以直接通过网上银行捆绑其手机，随时掌握网上银行使用情况。

② 动态口令卡

动态口令是一种动态密码技术，简单地说，就是客户每次在网上银行进行资金交易时使用不同的密码，进行交易确认。

③ 网银盾

④ 双密码控制，并设定了密码安全强度。网上银行系统采取登录密码和交易密码两种控制，并对密码错误次数进行了限制，超出限制次数，客户当日即无法进行登录。在客户首次登录网上银行时，

系统将强制要求用户修改在柜台签约时预留的登录密码，并对密码强度进行了检测，要求客户不能使用简单密码，有利于提高客户端的安全性。

5. 意外损失由谁买单——保险

泰国国王的失业保险

曾任泰国国王的帕拉贾德希波克一生中最值得称道的事情之一，就是他在地位声望达到巅峰的时候，对自己命运的清醒预测。1925 年，帕拉贾德希波克登基，当上了泰国国王。执政之后，政绩平平，无所建树，他终日担心害怕有朝一日被政敌废黜，成为一个一贫如洗的贫民。

为防不测，他同时向英国和法国的两家保险公司投保失业保险，那两家保险公司虽然都从未办理过以国王作为被保险人的失业保险，但谁也不愿意错过这一扩大公司影响的机会，欣然接受了投保，开出了保险金额可观的保险单。事实的发展证明了帕拉贾德希波克并非杞人忧天，1935 年他被迫放弃了王位。成为平民的前国王虽不能再享受一国之君的荣华富贵，但也无穷困潦倒之虞，依靠两家大保险公司为他支付的丰厚的失业保险金，他安然度过了退位后的 6 年余生。

李嘉诚曾说：别人都说我富有，拥有很多财富，其实真正属于我个人的财富是给自己和亲人购买了足够的人寿保险。生活中风险无处不在，当这些风险无法避免时，我们就需要采取相应的措施尽量使风险所造成的损失减至最小，而这就是保险的保障作用之一。

保险作为家庭理财的重要组成部分已越来越被大家重视，可是究竟应该怎样给家庭上保险呢？下面是著名投资专家刘彦斌给大家的建议：

(1) 人身意外伤害保险是一种物美价廉是产品，人人都应当购买，因为人人都可能出现意外，你当然也不例外，比如，你乘坐飞机，就应该买一份航空意外保险；你外出旅游，就应该买一份旅游意外保险。

(2) 人人都会生病，因此医疗保险，必不可少。等你生病的时候，你会感到医疗费真的很贵，而有了医疗保险，你就会轻松多了。

(3) 如果你是贷款购买房产，你一定要购买一份房贷险，避免你在失去还款能力时家庭陷入财务困境。

(4) 定期寿险是一种非常重要的保障工具，非常适合 35 岁以下的年轻人购买，保险金额应当是被保险人 5—10 年的生活费，如果被保险人有债务，比如房贷，那么保险金额还应该加上债务的金额。

(5) 年金保险是个人和家庭积累养老金的重要方式,35 岁以上的中年人应当广泛使用,可以将家庭中养命钱的 20%—30%用于年金保险。

(6) 终身寿险是一种很好的遗产转移方式,它可以免交遗产税。也是目前征收遗产税非常高的几个发达国家公民人尽皆知的公开转移遗产的最佳方式。

(7) 有车就一定有汽车保险(机动车辆保险)。开车就有可能出事故,不是你撞别人(物体),就是别人撞你,如果出了事故,没有保险你就惨了。

(8) 尽量不用保单贷款,因为贷款利息比你的保单收益要高得多。

(9) 要给家里的经济支柱买保险,而不要把保险费花在孩子身上。

(10) 尽量选择大的保险公司(集团)来购买产品。

保险是你生活的必需品,它是财富的衣服,一定要给你的财富穿上衣服,别让你的财富裸体。

6. 互联网金融理财产品

如今,市场上的互联网金融理财产品琳琅满目,按照理财产品品种的不同,可以分为互联网基金、互联网债券、互联网货币及互联网保险等;按照发行公司的不同平台类型,可以分为互联网平台类、银行类、基金直销类、电信运营商及其他类。

(1) P2P(Peer to Peer)类

P2P 类产品是互联网直接理财的产物,即资金通过互联网平台直接流向资金需求方,出资人享受资金出让的收益,简单地来说 P2P 就是点对点的个人或中小企业借贷,如宜人贷等。P2P 产品与一般互联网理财截然不同,其对接的多是中小企业,因而风险特征也完全不同。P2P 产品的风险主要来自于投资企业的信用风险、经营不善及 P2P 平台的跑路风险,本质上是信贷产品。

(2) 互联网平台类

互联网平台类可以根据各平台的业务领域不同,进一步细分为电商类、门户网站类、搜索网站类。其中,电商类代表有阿里巴巴旗下的余额宝和招财宝、腾讯推出的理财宝、苏宁云商的零钱宝以及京东商城推出的小金库等;门户类以网易旗下的现金宝以及新浪微财富为代表。

(3) 银行类

感受到来自互联网金融的竞争压力,各大银行纷纷开始触网,在原有的理财产品基础上通过与基金公司或互联网的进一步合作,陆续推出了各自的银行系互联网理财产品,如中国银行的活期宝、平安银行的平安盈、工商银行的薪金宝、浦发银行的天添盈等。一时间,银行推出的"宝宝类"产品在市场上大行其道,让各投资者看得眼花缭乱。

(4) 基金平台直销类

传统基金直销类的互联网金融理财产品以汇添富基金现金宝与全额宝、华夏现金增利货币基金推出的活期通为典型代表。以货币基金为本质，披上互联网金融外衣的理财产品与基金公司直销推广的产品，在原始收益率上并无差异。

(5) 电信运营商类

电信运营商高姿态进军互联网金融领域，纷纷推出类“宝宝”理财产品，如中国移动的“和聚宝”、中国电信的“添益宝”和中国联通的“沃惠宝”等。以添益宝为例，其发挥了传统运营商的特色，一方面可替用户赢得收益，另一方面添益宝理财收入可直接用于支付通信费，换种说法就是，连手机话费都可以理财了。

理财风险及防范

一、金融诈骗

统计显示，全国公安机关 2016 年侦破非法集资案件 9 500 余起，仅 e 租宝就借助互联网非法吸收 115 万余人的公众资金，累计人民币 762 亿余元，扣除重复投资部分后非法吸收资金共计 598 亿余元。至案发，集资款未兑付共计 380 亿余元。多么触目惊心的数字啊！今天我们就给大家再梳理一下这些骗局，再次提醒大家投资要格外谨慎小心。

骗局一：分红险的秘密

骗局形式：很多被忽悠购买分红险的投资者都是通过银行销售人员介绍和推荐的，夸夸其谈称资金可以随时支取，每年有 7%—8%的收益等来误导投资者。

产品实质：目前银行代销的大部分保险都是分红型和投连型保险，这类保险的整体的保障功能不强，整体保费较高，而且分红险中的分红并不保证。

如何应对：

1. 如果真有保障需求，就去保险公司或其官网、第三方销售平台或者选择保险代理人购买保障性的保险，分红型或者投连型保险，并不适合所有投保人。

2. 一定要留意合同说明，了解产品本质。

3. 如果已经购买了分红险，而且已经错过了犹豫期(投保人在收到保险合同后 10 天内，如不同意保险合同内容，可将合同退还保险人并申请撤消并退还已收全部保费)，那么建议不要轻易退保，否则只能领到有限的现金价值和红利。

骗局二：网络理财陷阱

骗局形式：以“天天返利”、“保本保收益”、“收益可达20%以上”等诱惑性信息为噱头，打着帮投资者购买原始股等有价证券的旗号，让投资者的资金汇入他人账号中骗取钱财。

如何应对：切忌被高收益迷惑，一定要认清销售人员和投资渠道的资质，遇到需要往某人账户中汇款的要求，一定要小心避免掉进陷阱。

骗局三：民间借贷骗局

骗局形式：以年利率20%、30%甚至更高的回报为幌子，投资者一开始投入几万后，尝“甜头”便追加几十万，甚至几百万，最终借款人逃跑、企业倒闭。

如何应对：还是那句话，天上不会掉馅儿饼的，民间借贷一定要小心谨慎，尤其是面对如此高的回报。我们更要注意风险控制。

怎样投资民间借贷比较靠谱：

(1) 只有极少数银行开通了针对某些地区的个人无抵押贷款品种，而且需要到银行面签合同，提供工资卡的银行对账单等。

(2) 利率要合理，法律只保护同期银行贷款利率4倍之内的借款利率，超出部分，不予保护。

(3) 参与民间借贷一定要到对方公司进行实地查看，并签订正式合同而非口头协议，借款合同最好向律师咨询一下有没有违规条款。

(4) 有必要保留对方的公司营业执照复印件和身份证复印件，并辨明真伪。

Tips：民间借贷利率不得高于同期银行贷款利率的4倍，超过部分不受法律保护。

骗局四：电信诈骗

骗局形式：如今电信诈骗的花样也是越来越多，说可以领取一笔新生儿补贴费的、冒充司法机关工作人员的、捡到现金说要一起分红的、虚假中奖信息的……这是老生常谈的话题了，但形式无非是通过电话，企图让你转账汇款。

如何应对：今后接到这样的电话，无论理由是什么，只要让你汇款，一定要谨慎，不要随意相信。

骗局五：非法集资骗局

其实很多投资骗局都是变相的非法集资，除了上述骗局形式，还有很多：

(1) 假冒民营银行的名义，借国家支持民间资本发起设立金融机构的政策，谎称已获得或正在申办民营银行牌照，虚构民营银行的名义发售原始股或吸收存款。

(2) 打着境外投资、高新科技开发旗号，假冒或虚构国际知名公司设立网站，并在网上发布销售境外基金、原始股、境外上市、开发高新技术等信息，许诺高额预期回报，诱骗人们向指定的个人账户汇入资金，然后关闭网站，携款逃匿。

(3) 以投资养老公寓、异地联合安养为名，以高额回报、提供养老服务为诱饵，引诱老年群众"加盟投资"；或通过举办所谓的养生讲座、免费体检、免费旅游、发放小礼品方式，引诱老年群众投入资金。

总结：

骗局之所以屡禁不止，是因为有支持者，说难听点儿，支持者大多是"唯利是图"的人，不少投资者被巨额盈利吸引，梦想一夜暴富，只单纯关注回报，忽视了本该更重要的风险控制。

还有一点也不容忽视，那就是投资者不了解自己的风险承受能力，很多人只是简单地了解甚至只是听说不错，便直接上阵交易，所具备的能力并不能把握投资结果的走向。

二、不可忽视的校园贷

事件回放

• 2016 年 3 月，河南牧业经济学院大二学生小郑因迷恋足彩，输光生活费，开始通过网络借贷买彩，继而冒用或请求同学帮忙借贷，欠下 60 多万元巨债，无力偿还。3 月 9 日晚，小郑在微信群里留言后跳楼自杀。

• 2016 年 6 月，一名大学生向网络借贷平台借款，被要求以"裸条"作抵押（以手持身份证的裸照为抵押）的新闻，在网上引起热议。

• 2016 年 8 月，广东一大学生通过网络借贷平台网贷 3 500 元买手机，陷入"以借代还"的恶性循环无法自拔，滚雪球般欠债 10 万元。

• 2016 年 9 月，长春某大学继续教育学院大一新生小郑，通过校园内的借贷广告借了一万块钱，约定 10 月 7 日还。结果晚还 6 天，借贷公司让小郑及其担保人还 4.2 万元。10 月 16 日，小郑无力还款，便吞药自杀险些身亡。

• 2016 年 10 月，漳州某学院的大二学生小乐（化名）上大学仅一年已经背上百万元巨债，导致数十名同学、朋友受到牵累，小乐险些因此轻生。

• 2016 年 11 月底，一个 10G 的女大学生不雅照片、视频的压缩包在网上流传开，再次将"校园贷"推上舆论的风口浪尖。

近年来，随着互联网金融的崛起，校园贷领域出现了野蛮生长、无序扩张的局面。校园贷市场发展两年多以来，一些非法机构进行暴力催收，导致了“跳楼”、“裸贷”等校园信贷极端事件频发，引发社会多方关注。

校园贷，又称校园网贷，是近年来互联网金融发展最迅猛的产品之一，是指一些网络贷款平台面向在校学生开展的贷款业务。

一般来说，校园贷分为三类，一是专门针对学生分期购物平台，部分还提供较低额度的现金提现；二是 P2P 贷款平台，用于学生助学和创业，如投投贷、名校贷等；三是阿里、京东、淘宝等传统电商平台提供的信贷服务。此外，还有一些不良企业打着“培训、实习、兼职、助学、刷单”等幌子，诱导学生或利用学生个人信息实施网贷。

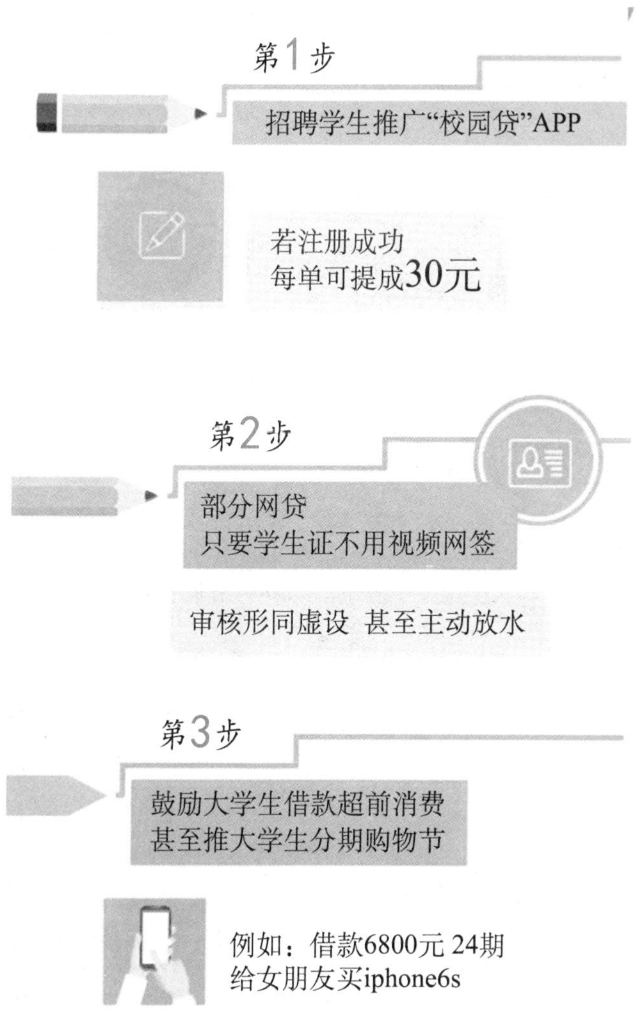

那么校园贷如何占领校园的呢？

不良的消费观念很容易造成攀比，而我们又随处可见关于“校园贷”的各种所谓的好处，在种种诱惑面前，不少小伙伴跳进了网贷平台挖好的“大坑”，然而入坑之后，想出来可就难了！

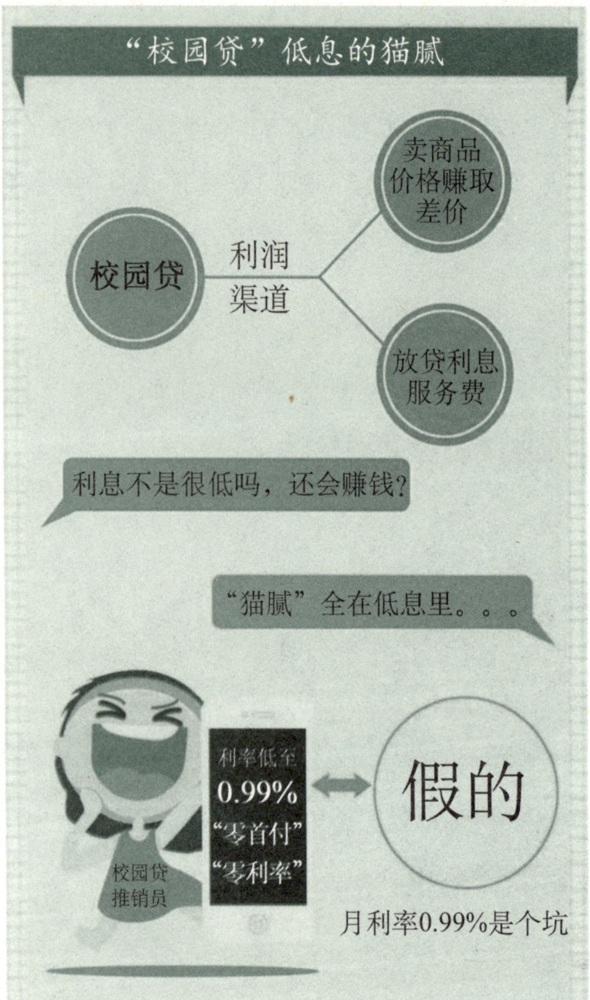

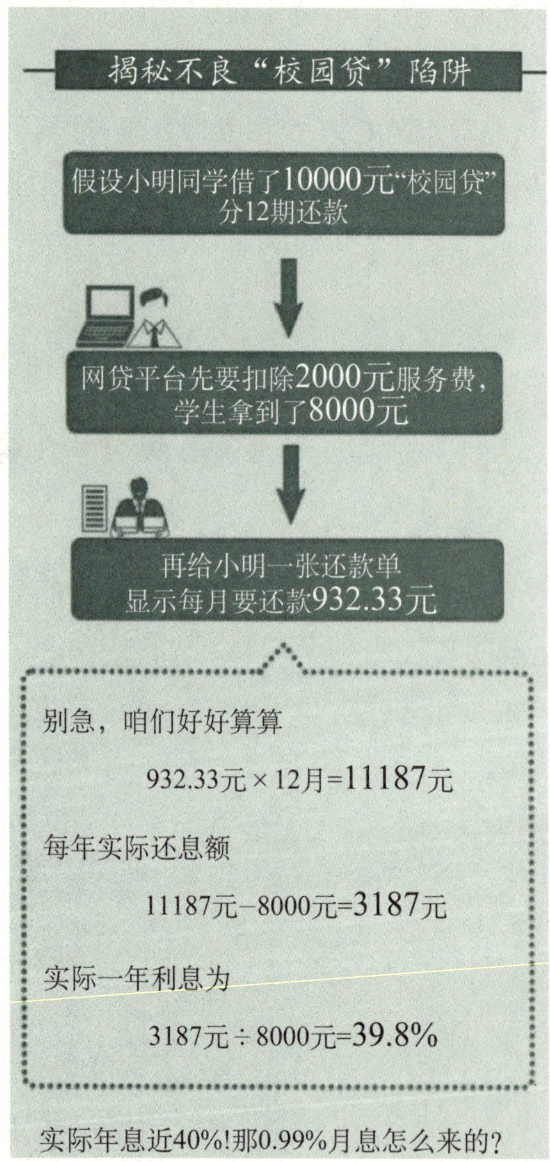

(11187−10000)÷12=99元

99÷10000=0.99%

看懂了吗?

猫腻一:

利息一直按本金10000元计算的,没有扣除那2000元手续费。

猫腻二:

并非按“等额本息”还款方式计算,每月本金始终按10000元计,没递减。

对于财富,大家要有自己判断是非的能力,天上掉下的“馅饼”往往最需要警惕!“校园贷”看起来很美好,但其中明抢暗坑,危机重重。在呼吁有关部门尽快对相关平台进行整改的同时,作为学生的我们必须要时刻保持头脑清醒,理性适度消费,加强防范意识。不要让“花明天的钱,圆今天的梦”成了“花明天的钱,让明天没梦可做”。

创意作业

1. 假如你家里有20万现金资产,需要进行合理安排。你打算做怎样的投资?请利用本课所学的初步知识和最新的理财信息,进行分析评估,做出一份理财方案。跟爸爸妈妈一起讨论是否可行,并提出进一步优化的方案。

2. 利用学生会,组织开展淘宝节等形式的商业活动,体会商业贸易,进行投资理财实战体验。

合肥八中2017“淘宝节”活动方案

合肥八中2017年模拟市场暨校园淘宝节是合肥八中生涯规划、学生自主管理的特色活动,学生参与市场交易,体验商品交换,培养学生自主管理能力。淘宝节以闲置物品交换为主要形式,引导学生参与公益,培养社会责任感。主要方案如下:

一　活动时间

2017 年 5 月 31 日(周三)下午 4:05 至 7:00(第二节课后至晚自习前)

二　活动对象

合肥八中高一、高二、高三、国际部全体学生、老师,合肥八中校学生会、年级学生会。

三　活动地点

校园篮球场、小树林、主干道等地

四　活动介绍

(一) 摊位设置

图书资料类、生活用品类、生活用品类,各班自行选择一到两个主题进行布展,学校增设校长摊位、教工摊位、社团摊位。

1. 摊位主题:各班自行设立。

2. 人数:每班摊位须 3 人负责。

3. 器材:桌子、摊布自备。

4. 宣传:各班用海报,广告牌等方式进行摊位宣传。在活动当天,各个摊位可通过表演节目进行宣传。(宣传作为评优的一部分)

5. 商品:图书资料、学习用品、生活用品、手工制作、衣物等闲置用品等,不得售卖不良商品。各摊位商品数量建议达到 15 件。各班摊位信息表于 5 月 23 日前上交年级学生会,由校学生会派专人审核。

6. 布展时间:活动当天下午两点前完成布展。

(二) 摊位收银

1. 由各个摊位开收据,买者根据收据至摊位所属的收银台付款。收银台工作人员在付款收据上盖章,并记录(____班摊位卖出了____,收入____),买者再凭收据至摊位拿取物品。(具体流程参考商场购物流程)

2. 每个收银台设置 2 名工作人员,负责收银、记录摊位售卖情况。

3. 每个收银台应配有 KT 板一块(进行摊位销售状况公示),销售情况记录表格,付款证明用章。

4. 收银台工作人员负责活动后销售情况的统计。

5. 销售收入 20%上交市场办公室,其中,10%将用于公益活动,10%用于市场管理。

6. 外校、志愿者及校总部的摊位由摊位负责人自行收款且不交学校,但销售额须在活动结束后上报。

五　清场和突发事件

1. 清场:下午 6:30 时预告活动剩余时间,各摊位清理垃圾杂物,6:40 活动宣布结束。结束后摊位可收摊离开，不留垃圾。礼仪部成员引导散场及人员撤离。摊位负责人将活动物品撤离（如桌椅及音响设备），清理会场杂物，假设有遗失物品需妥善保管并与失主联系。清场完毕后与组织方负责人示意。各收银台完成结算工作并上报。

2. 突发事件：若发生摊位之间发生突出事件，摊位人员须及时向市场管理员反映，如发生场地区域纠纷，按照事先的规划处理。若摊位发生强买强卖、故意刷单扰乱活动秩序，不文明行为，故意销售质量不合格商品，一经发现或举报，取消摊位评优资格并按规定严肃处理。若售出商品存在质量问题，消费者可与工作人员反映进行调换或办理退款手续。若消费者与摊位发生不愉快事件，在自主协调不能解决时向工作人员反映，由工作人员酌情处理。如若当天天气有雨，摊位则移至体育馆以及高一、高二、高三一楼过道进行活动。

六　优秀摊位评奖

（一）奖项设置

1. 设最佳人气、最佳创意和最佳摊位奖。

2. 最佳人气：可以由随机采访投票产生（十个摊位），采访数额应在50人及以上且应扩大范围。

3. 最佳创意：需是手工制作，或是包含了创意的商品，由学生会评定（五个摊位），活动部评判。

4. 最佳摊位奖：经活动中的金额累计，评销售额最高的前十个摊位。

5. 希望每个摊位把盈利（缴纳摊位费除外）的用处写一份简短报告，并评选出最有意义奖。（二十个摊位）

6. 获奖的摊位可以拿到奖状，并且尽量不重复。

7. 消费达到一定金额，可至总服务台领取相应奖品。

（二）评选方式

1. 收银台工作认为由年级学生会成员担任，负责统计、记录摊位销售额，并根据统计的销售结果进行评价。

2. 由校学生会礼仪部与志愿者协会于活动过程中监督、观察各摊位，对于是否符合评优要求进行评分。

3. 在活动后期，由校学生会礼仪部与志愿者协会组织随机请活动参与学生进行投票与评价，并进行汇总统计。

合肥八中校团委、学生会

2017年5月16日

附

摊位信息表

摊位主题			
年级		组团/班级	
参与人数		商品数量	
商品类型			
商品价格			
预算估计			
宣传计划			
具体规划			

图　校园淘宝节

（编写：杨小川）

第三篇

实现规划

第七节　专注目标

下图为 2017 届 15 班纪念合肥八中 60 周年校庆巨献《舌尖上的八中 · 美在心间》。

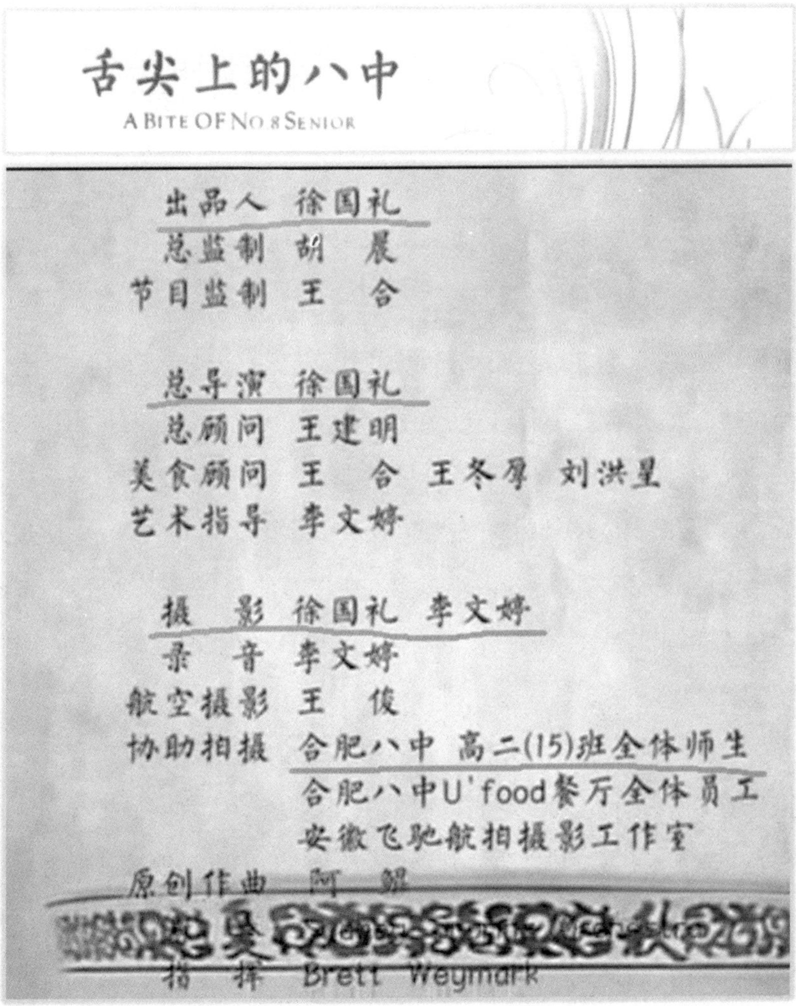

情结始于舌尖，梦想植于心间

同学们大家好，我是高三(15)班的徐国礼。很高兴能与大家一起分享我关于未来人生目标和梦想的一些见解。

之前与很多同学交流过，也在一些活动中得知了大家内心的不同想法。同学们的内心或多或少都知道自己以后想做什么事情，想成为什么样的一个人。但是这些想法往往不是从小就已经确定的。有很多因素会影响我们对于未来的设想：这些因素包括自己见识的提升、价值观的转变和一些客观条件的限制。有时候，这个第三点，客观条件的限制，往往是我们前行的最大障碍。前段时间，老师们都下发了空军和东航招飞的通知。飞行员是一项职业荣誉很高的工作，我相信有那么一些同学非常向往蓝天，想成为一名飞行员。但是，在这些想要成为飞行员的同学当中，究竟有多少人能够通过严格的体检呢？下面我就以几条民航飞行员的体检标准举例子，大家感受一下。

抛开视力的硬性条件不说，还有很多特征均会被视为体检不合格，其中包括：明显的X、O型腿，颜面五官不对称，口吃，晕车晕船，严重偏食及猪牛羊肉均不吃等。大家可能会觉得很可笑。但这些标准的设立都是有科学依据的。至此，作为一个连视力都没有达到标准的人，我对那些能够通过飞行员体检的人实在是佩服。由此大家应该可以看出，客观因素对于一个人的未来影响是多么的大。

应该说我们的梦想只能是在这样一个限制范围内的区域，这个区域依然很广阔。也就是说，我们选择的余地依然很大，但是大家应该都明白一个道理，站得高看得远。你的见识影响着你对未来的设想，简单地说，这是一种近似模仿的过程。当然，拥有相同见识的两个人，他们最终所追求的梦想也不一定相同。所以，在观察见识和最终确立梦想之间，还有一个因素贯穿始终，那就是人的本心和价值观念。本心的改变会比见识所带来的改变困难得多。所以可能有很多人会发现，自己所追求的东西虽然不断地变化，但似乎都有共性。人的最初的想法是不受任何限制的。按照大小排序，应当是客观因素最先，其次是见识，再次是本心。

中国的大部分学生在高考之前都无法确定自己未来的人生道路。我们一直说追求梦想，但现在的我们还处在收拾行囊的阶段，也就是决定自己的梦想究竟是什么，决定好带什么东西出发。作为一个终将成为既定事实的东西，高考的成败是客观因素，但也是我们唯一能改变的客观因素。高考的成败，决定着你能走什么样的道路，也决定着你出发后能有多少盘缠供给你的旅途。哪怕你今后的梦想需要的分数再低，你都不应该因此荒废高考。最后一句话激励大家也是激励我自己：改变不了的东西我们不去纠结，能够改变的我们要拼命争取。

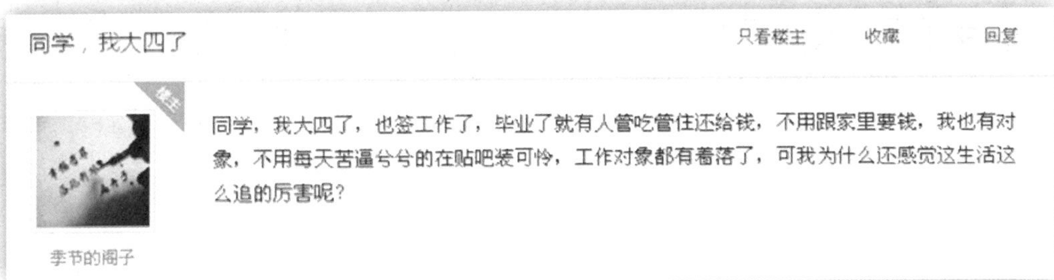

“悔过励志帖”

这是2013年2月20日，一名叫做“季节的阁子”的网友在“河北科技大学贴吧”里发的帖子，名字叫做《同学，我大四了》，在帖子中，“季节的阁子”持续发布了自己作为一名即将毕业的大学生所感受到的就业压力，描述自己在找工作过程中遇到的种种挫折和不如意，至此，他才回忆起自己在大学里被蹉跎的大学岁月，为自己大学四年就这样浑浑噩噩地过去了而感到后悔和遗憾，他用自己的亲身经历向我们证实，我们要提前对自己的学习和生活进行规划。

这则帖子一发出，就有上万名网友跟帖，可见，大学生中无目标无计划的现象非常普遍，这样的他们对未来一片茫然。

古典的大学四年

与“季节的阁子”不一样的是古典，他的长相跟他的名字一样，非常“古典”，但他却走了一条与众不同，非常“时尚”的路。

他的本科专业是土木工程，是按照父母的意愿被规划的，而他喜欢的是艺术，是设计。当一个人处于一个自己不感兴趣的环境的时候，他是非常难过的，古典这样形容他当时的感受：绝望，黑暗，看不到边的黑暗。刚入大学的第一天，当他一页一页翻着刚发的新书，看着舍友激动愉悦的表情，听着他们为梦想侃侃而谈的激情，就在那一刻，他意识到，此时此刻的自己，也许应该做点什么，于是，他问自己：“古典，大学四年，你想要什么？生活给你想要的了吗？如果没有，那你为什么不去创造呢？”当他这样问自己的时候，他发现，脑海中的想法一个一个冒了出来，比如创建自己的乐队，比如考驾照，比如骑单车去旅行，比如到全世界最高的地方和最深的地方等，虽然有些跟自己的专业无关，但是对他来说是有意义的。

就这样，他为自己的大学四年做了一个详细的规划，并按照自己的规划一步一步前进着，直到现在，成为一名优秀的职业规划师，他一直走在实现自己梦想的道路上。

目标的力量：选择性注意

如果说季节的阁子与古典起点相同的话，那么，是否有规划的意识，是否专注于自己的目标，是否为自己的目标去行动，造就了他们现在的不同，目标的力量是强大的，因为它可以调动你身体内部所有的资源。在身体资源被调动的情况下，你会发现有与众不同的效果，你相信吗？

请正在阅读的你闭上眼睛，稍微休息一下，回忆一下身边有没有人穿红色的衣服，有多少人穿了红色衣服。你有没有这样的发现呢？红色在人群中一般会很显眼，但是你却没有注意到，红色的信息被我们自动忽略了。这就是我们人类的选择性注意，就是人们在同时存在的两种或两种以上的刺激信息中，选择一种进行注意，而忽略其他的刺激信息。所以，当没有人提示要注意红色信息时，它被忽略了，因为它不是一个目标。当红色成为目标时，也许不仅在今天你格外注意谁穿了红色衣服，在今后几天，你都会关注身边的红色衣服。如果我们把注意力看成是一种能量的话，那么很明显，目标帮助我们集中了能量。所以，当一个人的生涯中有目标时，他就容易集中所有能量和资源去实现，成功的可能性更大。

我的未来是梦吗？

在经历了紧张激烈的中考之后，我们满怀着信心与希望，迈进我们理想中的高中校园。但是，随着新鲜感的褪去，我们发现，高中的学习任务比我们想象中的还要繁重，新的人际关系把我们搞得焦头烂额，生活方式和节奏也发生了巨大的变化。这一切让我们一时之间难以适应，更加难以接受，自信心受到史无前例的严重打击，顿时之间，我们对自己的认识变得模糊，对未来感觉茫然、无助、看不到希望。

小强（化名），男，高一，数学课代表，为人热情，忠厚，乐于助人，学习认真踏实，成绩优秀，在班里名列前茅，在年级也是位于前列，但是，他对自己的满意程度很低，内心也很挣扎，找不到学习的动力，不知道自己为什么学习，同时，受周围同学和环境的影响，还一度质疑学业的重要性，认为学习没有用，由于小强对自己的目标不是特别清楚，在高一学期末文理分科的时候非常迷茫，不知道该如何选择，甚至有一段时间迷恋上了电脑游戏和小说，他很苦恼，想摆脱现状。

那我们一起来看，小强为什么有如此强烈的心理冲突？优秀的学习成绩难道不能成为他继续向前的动力？在学习成绩的背后，又隐藏着什么动机？同时，反思一下你自己，目前的你，跟你理想的状态有无差距？那么这种差距来源于什么？高中阶段的我们，有时候是不是也会跟小强有类似的状态，会时不时吐槽一下学习的永无止境，会偶尔对学习产生放弃的心理，甚至会质问自己，为什么想努力却没有劲头，以至于每天总是停留在想的层面上。

我们不妨帮助小强来作一下自我的澄清，在阅读本书的你，也可以顺便理清一下你自己，你需要认真回答自己以下几个问题，最好把他们写下来。

(1) 我是谁？我有哪些兴趣和爱好、优点和不足？

(2) 我为什么是这个样子？

(3) 我现在处于哪个发展阶段？

(4) 我想做什么？我能做什么？

(5) 我要到哪里去？

(6) 我如何做？我如何达到期望的地方？

刚开始你在回答这几个问题的过程中，可能会有些困难，甚至不知道该如何回答，没有关系，不要着急，我们就是通过这几个问题来帮助你理清思路，反思自己，建立目标。

这就是生涯规划“6W”规划表，小强对自己目前的状态表示不满，甚至对自己的未来产生怀疑的根本原因就在于，他对自己目前的认识还不够清晰，对自己的未来规划也比较模糊。通过生涯规划表，小强对自己的认识逐渐明晰，快乐学习已不再是梦。

实现梦想第一步：制定目标

你有梦想吗？你的梦想是什么？科学家？医生？去全世界旅行？到原始森林？你会发现，小时候我们对梦想的概念很清晰，我们会无所顾忌，自信坦然地说，我要当什么什么，我要到哪里哪里，我要成为什么什么，随着年龄的增长，有些非常美好的梦想似乎变得模糊了，那么，你有没有重新考虑过你的梦想呢？此时此刻的你，需要调整修正你的梦想吗？你是离梦想越来越近，还是越来越远了？梦想仅仅是梦吗？不！实现梦想第一步，制定你的目标。目标(goal)一词最早来源于体育界，最初的意思是终点，例如冲刺杆，后来泛指努力或奋斗要达到的目标。确立目标是制定职业生涯规划的关键，是制定职业生涯规划的核心。

在学习和生活中，我们可以将目标确定为一种工具，让我们在做事时先考虑做事的目的。为了实现自己的梦想，要学会制定目标。

很多人都知道制定目标的重要性，并在不断尝试制定自己的目标。很多同学也正走在制定目标并且不断实践的道路上，很多老师也在反复给我们呈现，有目标就有动力，一定要制定一个适合自己的目标。新学期开始了，每个同学都给自己制定了学习目标和计划，你的高中生活有规划吗？

当你每个学期都会主动制定这样一个目标计划表的时候，恭喜你，你已经走在制定目标的道路上，并且离自己的梦想越来越近了，但是，我们平时在生活中会经常遇到这样的情况和疑问，比如，虽然我有目标，但是却感觉学习越来越没有动力，比如，我有远大的理想，但是为什么感觉越来越累？再比如，为什么我感觉学习效率越来越低？问题到底出在哪里？下面是新学期三个同学的学期目标和计划，我们一起来看一下吧。

甲同学：

目标：好好学习，天天向上。

计划：下午七点半：到家写作业；八点半：吃饭；九点：复习语文；九点半：复习化学；十点半：复习物理；十一点半：复习数学和英语；十二点半：睡觉。

乙同学：

目标：重点提高数学和英语。

计划：每天花一个半小时做数学题，另花一个半小时做英语练习。

丙同学：

目标：全面进步，张弛有度。

计划：每天放学后，吃饭半个小时，休息半个小时，写作业一个半小时，再花三个小时复习其他功课。

请你思考：以上这三位同学，你觉得他们的目标合适吗？他们的目标合适吗，有效果吗？

可能很多同学在学习和生活中都有这样的体会：

反复纠结为什么你总是“计划赶不上变化”；

为学习没有动力，没有方向而苦难烦闷；

厌恶自己为什么每周末总是眼睁睁地看着自己在看电视中度过；

为自己无法克服某些行为，深恶痛绝；

当这样的问题出现的时候，请你来考虑：是不是你的目标有问题？它是否真的适合你自己？又是否真的适合自己的需要呢？

如何确定目标？

1952年7月4日清晨，加利福尼亚海岸下起了浓雾。在海岸以西21英里的卡塔林纳岛上，一个43岁的女人准备从太平洋游向加州海岸。她叫费罗伦丝·查德威克，游过许多有名的海峡，比如英吉利海峡，如果这次能够成功游过，那么她就是第一个游过这个海峡的女选手。

那天早晨，雾很大，海水冻得她身体发麻，她几乎看不到护送他的船。时间一个小时一个小时地过去，千千万万人在电视上看着。

15小时之后，她又累，又冻得发麻。她知道自己不能再游了，就叫人拉她上船。她的母亲和教练在另一条船上。他们都告诉她海岸很近了，叫她不要放弃。但她朝加州海岸望去，除了浓雾什么也没看不到……

人们拉她上船的地点，离加州海岸只有半英里！后来她说，令她半途而废的不是疲劳，也不是寒冷，而是因为她在浓雾中看不到目标。查德威克小姐一生中就只有这一次没有坚持到底。2个月后，她成功地游过了同一个海峡，她不但是第一位游过这个海峡的女性，而且比男子的记录还快了大约两个钟头。

所以，目标要看得见，够得着，才能成为一个有效的目标，才会形成动力，帮助我们获得自己想要的结果。

在学习和生活中，我们在制定目标的时候，经常会犯一个错误，就是认为目标定得越高越好，认为目标定得高了，即便只完成了80%也能超出自己的预期。实际上，这种思想是有问题的，实际上，制定目标是一回事，完成目标又是另外一回事，制定目标是明确做什么，完成目标是明确如何做。一个有效的目标，需要具备以下几个要素：

1. 明确、清晰、具体

有人曾经做过这样一个试验，他把一批人分成两组，安排他们去完成跳高这项运动。这两组人的个子、弹跳力等各方面都差不多，先是要求他们一起跳过1米的高度。然后，分配新的任务，第一组的任务是跳过1米2，第二组的任务是跳得更高。经过一定时间的练习之后，第一组的人都跳过了1米2，而第二组的人，只有少数跳过了1米2，这就是有和没有具体目标的差别所在。我们来对比一下：

模糊目标	具体目标
获得良好的教育	2015 年获得某大学录取通知书
提高自己的修养	每天冥想 15 分钟
改善自己的外形	接下来 6 个月减掉 5 公斤

那我们再来看看我们在本章前面提到了甲乙丙三位同学的目标，你觉得怎么样？当这个目标放在任何一个人身上都适用的时候，那么我们说，这个目标是没有效果的，因为它不够清晰具体。你的目标越具体，你在工作和学习中的动力就越足，状态也就越好。

所以，你在制定你目标的过程中，你所写制定的目标应该是具体的可观察的行为或是可衡量的结果，不要太抽象。提到目标，如果你一时之间觉得头脑空空，不知道自己的具体目标是什么，那么，就请你来考虑一下，你想从生活中得到什么东西，这样你就会有一些模糊而理想化的想法。如果我们仅停留在那个模糊的阶段，感觉到迷茫，那么就请你对你这些想法进行整理、排序，你的目标就会慢慢显露出来。

2. 有时间期限

简单地说，目标就是给梦想加上一个期限，比如说，我的目标是将在 2014 年 12 月完成某个任务，这个时间期限的设定可以根据工作任务的难度、权重、轻重缓急等，拟定出完成目标项目的具体时间要求，并要定期检查项目的完成进度，及时掌握实情的进展变化等情况，以便对自己的目标作及时的调整。

3. 可达成——跳一跳能够够得着

多年前在美国进行了一项成就动机的试验，在这个实验中，有 15 个人被邀请参加一项套圈的游戏。游戏是这样设置的：在房间的一边钉上一根木棒，给每个人几个绳圈套到木棒上，离木棒的距离可以自己选择。站得太近的人很容易就把绳圈套在木棒上，而且很快地就泄气了；有的人站得太远，老是套不进去，于是很快就泄气了；但有少数人站的距离恰到好处，不但使游戏具有挑战性，而且他们也还有成就感。这跟我们制定目标是一样的，目标太高，经过很多努力，总是实现不了，你就慢慢丧失了斗志，目标太低，很容易达到，渐渐地你也会失去兴趣，所以，我们在制定目标的过程中，跳一跳刚好够得着的目标才最具有吸引力。就像三分线上投篮一样，不是每次都能投进，也不是每次都投不进，正是因为跳一跳，练一练，努力努力，就能实现，就能投进，所以，三分线上投篮也最有魅力。

4. 建立在正确的自我评估的基础上

制定目标为自己的未来勾画了一张蓝图，描绘了到达最终目的地的时间和要求，但究竟如何起步，还得从自身的现状出发。因此，要充分分析自己的目前情况。如自己有哪些优势和不足，如何发挥优势，克服不足；自己的各科潜能如何，是否已经充分发挥出来了；自己各科成绩如何，偏科情况如何，如何补救；自己的学习毅力和勤奋程度如何；自己的学习方法和学习效率怎样，需作哪些改进等。

优势 Strength	弱势 Weaknesses	自身条件
机会 Opportunities	威胁 Threats	外部环境

SWOT 分析法是一种能够较客观而准确地分析和研究个人现实情况的方法。利用这种方法可以从中找出对自己有利的、值得发扬的因素，以及对自己不利的、应该去避免的东西，发现存在的问题，找出解决办法，并明确以后的发展方向。SWOT 四个英文字母分别代表 Strength、Weakness、Opportunity、Threat，意思分别为：S，强势、优势；W，弱势、劣势；O，机会、机遇；T，威胁，对手。从整体上看，SWOT 可以分为两大部分：第一部分为 SW，主要用来分析内部条件；第二部分为 OT，主要用来分析外部条件。另外，每一个单项如 S 又可以分为外部因素和内部因素，这样就可以对情况有一个较完整的概念了。请大家按照以下 SWOT 分析步骤，结合自己的实际情况，谈谈如何通过自我教育来变劣势为优势，变威胁为机会。

① 罗列自己学习上的优势、劣势及可能遇到的机会和威胁。

优势：______________________________

劣势：______________________________

机会：______________________________

威胁：______________________________

② 将自己的优势、劣势与机会、威胁相结合，形成 SO、ST、WO、WT 策略。

③ 对 SO、ST、WO、WT 策略进行分析，以确定自己目前在学习上应该采取的策略。

了解了这些，我们需要在前期了解自我的基础之上，完成自己的分析表，分清自己的优势和不足，强项和弱项，并根据自己的分析，制定自己的目标。比如，你的语言智能占优势，那么你在制定目标的过程中，不妨把你的语言智能发挥到极致，并利用此优势，帮助你更好地实现自己的目标。

5. 符合社会需要

2009 年，《中国教育报》上刊有一则消息，某中学一名多次在世界数学奥赛中夺得金牌的学生，报考一外国名校。面试时，双方对话如下：

考官问题：你报考我校的目的是什么？

学生回答：为了以后好找工作，能挣钱，买房子，买汽车，过上好日子……

如果你是考官，你会录取他吗？为什么？

学校承担着向社会输送人才的任务，每一个走向社会的人都需要承担起相应的责任。只有个人的需求与社会需求相适应，我们个人才能得到很好的发展。

由此，我们想到有这样一个人，她叫杨丽娟。从16岁开始痴迷香港歌手刘德华，此后辍学开始疯狂追星。杨丽娟的父母劝阻无效后，卖房甚至卖肾以筹资供她多次赴港、赴京寻见刘德华。2007年3月22日，曾经赴香港参与刘德华歌友会，实现生平夙愿，跟偶像合照。不过，其父最后由于杨丽娟的“追星”行为而跳海身亡。

她有目标吗？有。

她为自己的目标付出努力了吗？付出了。

她的努力有收获吗？有。

那么，她的目标有问题吗？当然是有问题的。没有符合社会最基本的需要，甚至牺牲了家人的利益。所以，我们在制定目标的时候，除了考虑目标本身的因素和自己的兴趣优势之外，还要考虑社会的需要、就业前景等。

6. 可以在过程中拥有（也是如何来达成你的目标）

有个同学举手问老师：“老师，我的目标是想在一年内赚100万！请问我应该如何计划我的目标呢？”

老师便问他：“你相不相信你能达成？”他说：“我相信！”老师又问：“那你知不知道要通过哪行业来达成？”他说：“我现在从事保险行业。”老师接着又问他：“你认为保险业能不能帮你达成这个目标？”他说：“只要我努力，就一定能达成。”

“我们来看看，你要为自己的目标做出多大的努力，根据我们的提成比例，100万的佣金大概要做300万的业绩。一年：300万业绩。一个月：25万业绩。每一天：8 300元业绩。”老师说。“每一天：8 300元业绩。大既要拜访多少客户？”

老师接着说，“大概要50个人。”，“那么一天要50人，一个月要1 500人；一年呢？就需要拜访18 000个客户。”

这时老师又问他：“请问你现在有没有18 000个A类客户？”他说没有。“如果没有的话，就要靠陌生拜访。你平均一个人要谈上多长时间呢？”他说：“至少20分钟。”老师说：“每个人要谈20分钟，一天要谈50个人，也就是说你每天要花16多个小时在与客户交谈上，还不算路途时间。请问你能不能做到？”他说：“不能。老师，我懂了。这个目标不是凭空想象的，是需要凭着一个能达成的计划而定的。”所以，目标必须在过程中时时刻刻可以拥有，也正是这种拥有让我们有不断前进的动力，这些过程也就是我们平时所说的计划，从这个角度来说，目标不是孤立存在的，目标是计划相辅相成的，目标指导计划，计划的有效性影响着目标的达成。所以在执行目标的时候，要考虑清楚自己的行动计划，怎么做才能更有效地完成目标，是每个人都要想清楚的问题，否则，目标定得越高，达成的效果越差！

如何实现目标?

（1）写出不同阶段的目标

要想全面地预见自己的未来，你就要写出：

① 长期目标。代表你人生的重大目标，可能需要你用五到二十年的时间来完成这些目标。有时，甚至会用一生的时间来实现，包括教育、职业、人际关系、旅行和财产安全等方面。在制定长期目标的时候，思考：你希望自己这一生取得怎样的成就？有没有一句话能够概括你的人生追求？如果有，是什么？

② 中期目标。指那些能在一年到五年的时间里实现的目标，比如说完成一门课程的学习，或者是达到某个具体的名次或者职位等，中期目标是长期目标的支撑。

③ 短期目标。短期目标是指能在一年以内实现的目标，是非常具体，而且是可以达到的，比如参加一次演讲比赛，完成一次旅行或是某个节日与家人聚会，经济上可能是希望账户里能有一个具体数额的存款等。

（2）管理好自己的时间(参见时间管理)

（3）马上展开行动

为了提高成功的概率，我们需要马上行动，让制定目标和着手行动去实现目标之间不要间隔太长时间。如果你忘了你的目标，那就要展开行动回到正确的轨道上来。有一个方法可以将制定目标和时间管理结合起来，那就是，针对每一个短期目标，写出你即刻就能开始执行的各个小步骤，把这些小步骤整理为一个每日任务清单，如果你想在某个特定日期之前完成这些任务，就在日历上标出这个日期。然后在接下来的时间里，就要反复核对任务清单的日历，必须全力以赴，努力达成目标。如果将你的目标告诉一两个亲近的朋友，那么，就会有助于你坚守诺言。

在实现目标的过程中，对任何失败的原因都要抱现实的态度。人们有将失败归因于外部因素(如运气不好)，而不是内部因素(如没有努力工作)的倾向。只有诚实对待自己，将来成功的机会才能显著提高。除此之外，要有定期反馈，或者说，需要了解自己向着预定目标前进了多少。

我还应提醒大家的是，大多数人总是在没有做这件事之前信誓旦旦，但是一旦把这件事情真正做起来，往往就只有三分钟热度，或者“三天打鱼，两天晒网”。所以，我们要坚持不懈地向着目标前进。

① 确认实现目标的障碍，并依“难度”设定优先顺序。

确认障碍，是为了有备无患，从容不迫。同时要记住：障碍是来帮助我们学习成长的，而不是来阻碍我们的。每一次成功都在障碍之中，也就是说，达成目标的过程，其实就是克服障碍的过程。

② 确认对实现目标有帮助的人和团体。

充分调动一切可以调动的力量和因素，来帮助自己实现目标。

③ 找出解决障碍的方法。

对关键性障碍应找出不低于五个解决方案，对其他每个障碍都要找出解决方法。

④ 按期评估与考核。

没有评估和考核，一切目标都会“夭折”，设定目标也就没什么实际意义了。

试着去完成《我的高中企划案》吧。

我的高中企划案

我在哪里？ （正确评估自我）	例如： 1. 我周遭的环境（大环境、小环境） 2. 我的性格特质 3. 我的人格特质（思想道德规范、社会责任感） 4. 我的兴趣爱好 5. 我的专业特长 6. 我的理想大学、职业 7. 我的优点（学业、生活） 8. 我的缺点（学业、生活）
要去何方？ （制定学业目标）	例如： 1. 培养良好的学习习惯 2. 调整健康积极的学习心态 3. 磨练持之以恒的坚强毅力 4. 培养自主、自觉的学习能力 5. 增强团队合作与竞争意识 6. 培养对“学习”的兴趣

续 表

如何达到? (具体行动计划)	例如: 1. 坚持每天科学记录各种笔记,订正作业,认真书写作业 2. 阅读励志小故事,心理咨询排解困扰 3. 每天坚持背 10 个单词 4. 安排好每天中午自修内容 5. 报名参加校园文化活动、找一个同一学科的竞争对象与他 PK

活动体验(一):我的梦想

很多同学都有自己的大学梦,请大家通过回答以下问题来理顺自己的大学梦。回答过这些问题之后,请同学们搜集与自己的回答相关的信息和资料,并寻找机会向师长们请教相关的经验及他们对大学校园文化生活的体验,提前为实现大学梦想做好准备。

问题	回答
我的兴趣有哪些?	
我最喜欢的城市是哪里?为什么?	
我最想读的大学是哪所?为什么?	
我最喜欢的专业是什么?为什么?	
我最喜欢的职业是什么?为什么?	

活动体验(二):我的高一规划书

我最喜欢的名言警句:			
时间	学习目标	能力及素养培养	反思
高一上学期期中			
高一上学期期末			
高一下学期期中			
高一下学期期末			

活动体验(三)：我的梦想规划书(高三)

姓名		班级		年龄	
测试结果	性格				
	特长				
	匹配的职业				
自我描述	性格				
	兴趣				
	特长				
家庭因素	外部条件				
	父母希望				
个人理想	理想的职业				
	理想的大学				
我目前的现状					
实现理想需要做好的准备有：					
1. 2. 3. 4. 5.					
为此，我将高三分为　　　　个阶段，分步计划如下：					
步骤	具体内容				
一					
二					
三					
目前我最急需解决的问题是：					
对于上述规划我	很满意(　　)	较满意(　　)	不清楚(　　)	不满意(　　)	

活动体验(四)：我的毕业日志

目的：思考生命的意义，思考自己的中学生活应该如何度过。

请正在看书的您闭上眼睛，稍微休息一下，回忆一下身边有没有人穿红色的衣服，有多少人穿了红色衣服。请问：红颜色在人群中一般会很显眼，为什么大家都没有注意到呢？

在心理学中，有个名词叫“选择性注意”。所谓“选择性注意”，简单地说，就是人们在同时存在的两种或两种以上的刺激信息中，选择一种进行注意，而忽略其他的刺激信息。所以，当没有人提示要注意红色信息时，它被忽略了，因为它不是一个目标。当红色成为目标时，也许不仅在今天你格外注意谁穿了红色衣服，在今后几天，你都会关注身边的红色衣服。如果我们把注意力看成是一种能量的话，那么很明显，目标帮助我们集中了能量。所以，当一个人的生涯中有目标时，他就容易集中所有能量和资源去实现，成功的可能性更大。

步骤：

1. 请想象你即将毕业，要给自己写一个毕业日志，回忆自己的中学生活，同时这份日志要留给母校，供自己的学弟学妹看。

2. 毕业日志要包括以下几点：

(1) 一生最大的目标；

(2) 在中学阶段的追求及成就；

(3) 对学校、家庭或其他人的贡献。

活动体验(五)：生涯幻游

首先，请你调整你的姿势，以你觉得最舒服的姿势坐着，闭上你的双眼，放松，深呼吸，放松，我们一起坐在时光隧道机里，来到五年后的世界，也就是公元______年的世界。算一算，这时你是几岁？容貌有变化吗？请你尽量想象五年后的情形，越仔细越好。

好，现在你正躺在家里卧室的床上。这时候是清晨，和往常一样，你从睡梦中醒来，慢慢地睁开眼睛，首先看到的是卧室里的天花板。看到了吗？它是什么颜色？

接着，你准备下床。尝试去感觉脚指头接触地面那一刹那的温度，凉凉的？还是暖暖的？经过一番梳洗之后，你来到衣柜前面，准备换衣服上班。今天你要穿什么样的衣服上班？穿好衣服，你看一看镜子。然后你来到了餐厅，早餐吃的是什么？一起用餐的有谁？你跟他们说了什么话？

接下来，你关上家里的大门，准备前往工作的地点。你回头看一下你家，它是一栋什么样的房子？然后，你将搭乘什么样的交通工具上班？

你快到达工作的地方，首先注意一下，这个地方看起来如何？好，你进入工作的地方，你和同事打了招呼，他们怎么称呼你？你还注意到哪些人出现在这里？他们正在做什么？

你在你的办公桌前坐下，安排一下今天的行程，然后开始上午的工作。早上的工作内容是什么？跟哪些人一起工作？工作时用到哪些东西？

很快地，上午的工作结束了。中餐如何解决？吃的是什么？跟谁一起吃？中餐还愉快吗？

接下来是下午的工作，跟上午的工作内容有什么不同吗？你在忙些什么？

快到下班的时间了，或者你没有固定的下班时间，但你即将结束一天的工作。下班后你直接回家吗？或者要先办点什么样的事？或者要做一些什么其他的活动？

到家了。家里有哪些人呢？回家后你都做些什么事？晚餐的时间到了，你会在哪里用餐？跟谁一起用餐？吃的是什么？晚餐后，你做了些什么？跟谁在一起？

就寝前，你正在计划明天参加一个典礼的事。那是一个颁奖典礼，你将接受一项颁奖。想想看，那会是一个怎么样的奖项？颁奖给你的是谁？如果你将发表得奖感言，你打算讲什么话？

该是上床的时候了，你躺在早上起床的那张床上。你回忆一下今天的工作与生活，今天过得愉快吗？是不是要许个愿？许什么样的愿望？

渐渐地，你很满足地进入梦乡。睡吧！一分钟后，我会叫醒你……

（一分钟后）我们渐渐地回到这里，还记得吗？你现在的位置不是在床上，而是在这里。然后，现在我从 10 开始倒数，当我数到 0 的时候你就可以睁开眼睛了。好，10－9－8－7－6－5－4－3－2－1－0。睁开眼睛。你慢慢地醒过来，静静地坐着。

我五年后从事的工作的描述：

1. 工作是____________。
2. 工作内容是____________。
3. 工作的场所在____________。
4. 工作的场所周围的环境____________。
5. 工作的场所周边的人群____________。

我五年后的生活形态的描述：

1. 婚姻状况　□已婚　□未婚　□其他______。
2. 家中成员有子女______人　□父母同居　□其他______。
3. 居住的场所在____________。
4. 居住的场所周围环境____________。
5. 居住的场所周围的人群____________。

请说明下列问题：

1. 我在进行幻游过程中，印象最深刻的画面是____________。
2. 我在进行幻游后，对比现在环境最大的不同点是____________。

3. 我在进行幻游后，最深的感受是________________。

我在进行幻游后，我觉得未来的生涯发展会是怎样的？

1. 我认为我未来会从事________职业。

2. 我认为我的未来会与幻游过程相关吗？

（编写：闫榕榕）

第八节　我的时间我做主——时间管理

培根曾说过："合理安排时间，就等于节约时间。"进入高中以来，面对繁重的学习任务很多学生明显感到了时间不够用，总是像摆钟一样在新课、作业、复习之间来回摆动，他们觉得学习的压力很大。仔细观察，我们会发现：同样的时间同样的作业，有的同学来不及做总埋怨时间不够，有的同学却不但把作业做完，还能从中挤出时间复习，差距咋就这么大呢？这说明很多学生不知道怎样合理安排时间，也有一些学生至今没有意识到时间的重要性、紧迫性，做事情总是磨磨蹭蹭，喜欢拖延。为此，老师们深感头痛，反复地讲，想引起一些学生的重视。但反复的说教只会引起学生的逆反心理，最重要的是让学生感受时间的流逝，懂得珍惜时间，在单位时间里做事效率能达到最高，并且能养成合理利用时间的好习惯，使自己受益终身。

图　老师在上班会课

下面，我们来看看，这两位同学对自己时间的安排，看看能不能从他们身上找到自己的影子呢？

“小”时间管理之道

作为高中生，我们的生活应该是紧凑而有序的，因此，这就需要我们拥有时间管理能力，合理计划自己的时间，下面，我将介绍我的有关时间安排的心得。

首先是零碎时间的安排，每天早上起床的第一件事情就是放英语听力，然后再去洗漱。因为要干着其他的事情，所以听力不一定能完全听懂，但是我会尽量去理解。早上的听力最重要的作用是营造一个语言环境，培养自己的语感。

其次是早自习的利用。早自习时，老师一般会安排一些任务让我们完成。我一般会头一天晚上，就先熟读早自习要背的内容，这样第二天背诵就会容易得多。因此，我的早自习一般会提前完成任务。剩下的时间，我会用来记忆一些零散的知识点，例如语文的课下注释或者英语的单词、固定搭配等，这样，零碎的知识点就不会被遗漏。

晚自习前后时间的利用同样很重要。下午放学时，食堂人很多，吃饭往往要排长队。所以，放学后，我往往会在教室里写一项耗时短的作业，写完之后再去吃饭，这会让我省出排队的时间。饭后，我通常会去操场散步，这能使我更加放松，从而提高晚自习效率。晚自习期间，每做完一项作业，我会适当休息，让大脑放松一两分钟再继续学习。

晚自习后，作为走读生的我，回家也会自习四十分钟左右，看一看自己买的教辅，或者完成晚自习没有写完的作业。由于我有考雅思的想法，所以每晚我利用口语陪练的app，花半小时练习口语或者读一篇英语美文，保证我每天都有相关的输入。正是由于有练习口语的意识，每次上课时，老师当堂布置的口语相关的任务，我都认真及时完成，并且抓住机会积极展示和分享自己的成果。所以，我的口语比较流利，能和外教进行基本的交流。由于平时利用零散的时间进行点滴积累，有足够的输入，我的英语成绩在班级也是名列前茅的。所以，只有制定出适合自己的时间计划，才能高效利用时间，达到事半功倍的效果。

以上这位同学对每天学习时间的管理有高效的方法，并且取得了良好的效果，特别是在零碎的时间管理方面有自己独到的见解。而她的同班同学，在时间利用方面却又很多的困惑，究竟是哪些困惑呢？我们一起来看一看。

一只瘦弱小鸟的心声

“我是一只小小鸟，想要飞却飞不高。”在时间的利用方面，我感觉自己就像这只小鸟，总觉得无能为力，时间在我身边悄悄地溜走了。

首先从早读说起，早读的前15分钟时间我读书的效率较高，但最后的10分钟就会非常困，一点读书的欲望都没有，另外，我背书特别慢，我背一篇课文的时间够别人背三四篇了，而且遗忘的速度也特别快，听写时，我笃定这个单词是背过的，却完全想不起来了，这导致我不能完成早读课老师布置的背书或者是听写的任务，听写经常不及格，这又会占用我其他更多的时间去背诵，然后导致其他学科的作业写不完，如此恶性循环。

另外，在上午，我这种昏昏欲睡的状态有时会持续到两节课后，并且在上午12点左右的最后一节课就会非常饿，完全无心听课。中午的午休时间，有些同学会利用午休时间写作业，而我的午休时间都是在睡觉，毕竟我相信休息好了才会让我下午听课的效率更高，我只是偶尔会在考试前的那一周看会书。然而，事实并不是我想的那样，下午的第一节课我就感觉眼皮在打架，困得不行，可能是中午睡得多，反而不清醒。

晚自习前，我会在18∶30左右到班，一直到18∶50的这段时间里，我都没有写作业，总是在整理书，发发呆，不想开始写作业这一痛苦的过程。晚自习期间，我很少和别人说话，但经常会发呆，每次发呆的时间至少是15分钟，由于课上效率不高，掌握的知识不熟练，有时写作业时还要翻书，这就导致写作业的速度很慢，所以，在晚自习快结束时如果当天的作业还没写完就只能糊一糊交上去了。

在所有科目中，最让我畏惧的就是英语，上英语课时，老师用英语上课，大部分内容我都听不懂，基本上不是书本上的内容，我就只能配合着笑笑了，而且有时候，老师报的口头笔记我也记不下来，下课之后我又忘记了借同学笔记整理。另外，在平时写完型阅读时，我写得特别慢，一篇中等难度的完型我要花40分钟左右的时间。遇到不会做的题目，我不懂得放弃，而是一直盯着，希望能够看出答案。

我自己内心很渴望能够搞好学习，得到老师的表扬，享受成功的喜悦，可是由于时间安排得不合理，导致学习效率低、效果差，尤其是英语，现在每次考试的排名几乎都是班级倒数了，这让我更加焦虑，更加没有信心了，我究竟该怎么办呢？

以上两位同学来自一个班级，进入班级均是名列前茅，经过一个学期的学习，第一位同学仍然能保持良好的状态，而第二同学在学习方面感觉力不从心，学习效果也很不理想，这主要是源于他们时间管理方法不同。同学们，这就要问问你自己，你珍惜时间了吗？你单位时间的利用效率高吗？究竟是什么“偷走了你的时间”？是发呆走神，易被外界事物干扰，还是未制定时间表或者无法坚持时间计划表。还有其他的因素吗？那我们来看一看下面这位同学的烦恼。

拖延消耗的时间，让我和小伙伴们都惊呆了！

星期天，王同学在周六晚就定好了周日一天的计划：8点30开始做数学和物理作业，之后听半个小时英语听力和课文录音，然后用半个小时上网浏览本周新闻，下午2两点出发回校上3点的竞赛课。

9点钟他准时坐在书桌前，看到桌上摆满了昨晚学习的书、资料还有英语报纸，特别凌乱，影响心情，就动手开始收拾，20分钟后他的书桌变整洁了，心情也愉悦起来，虽然未能按原定时间开始学习，但他丝毫不后悔。于是便拿起数学资料准备开始做题，这时想起还是先完成数学老师布置的作业，因为下午回校要交，便打开电脑上QQ准备到班级群里问同学今天的数学作业具体要写到哪。打开班群一看，一同学在问有没有人玩Dota，学习了一周先放松下再写作业，他心想有道理，先休息好才能更高效地学习。便马上响应，和同学玩起了游戏，不知不觉一个多小时过去了，已经10点多了。他稍微有点不安，觉得还有那么多作业没有完成，心里有些负担，便下了QQ。拿起数学题开始写，结果一开始就遇到了一道难题，研究了半天还是没有结果，心想与其这样浪费时间，不如先听英语听力，于是找出MP4开始听，听了10分钟，妈妈喊吃饭了，正好他也觉得饿了，就先吃饭了，先补充能量，再抓紧时间写作业。

午饭后，他马上就回房间，准备开始专心做作业了。但这时一老同学打电话来，因为好久不见了，便彼此报告一下最近学校发生的新鲜事儿，半个小时很快就过去了。这时他真的觉得要赶紧写作业了，要不回学校难以交差，便拿出物理书，可不一会儿，眼皮就开始打架，他想这正是午睡时间，养好精神才能提高学习效率。但又担心作业未写，便决定趴在书桌上睡一会儿再起来写，可一觉睡醒已经快两点了，

他想剩下的时间不可能完成所计划的事情了，赶紧收拾东西准备去学校上竞赛课吧，作业晚自习再补吧。

讨论：导致李同学不能按计划行事的原因有哪些？

“习惯拖延”是最大的时间偷窃者，李同学的那个星期天就是典型的“时间拖延”个案。许多同学都因无法克服小李那样的拖延恶习，以至于平时作业无法按时完成，考前焦虑，所以经常考前临时抱佛脚，每天摆出苦读架势，甚至中午不午休晚上“开夜车”，而收效甚微。

结合以上两个案例，我们知道发呆走神、易被外界事物干扰、无法坚持时间计划表和习惯拖延，都是管理好时间的障碍。除了这些，还有哪些因素偷走了时间呢？

是谁悄悄地偷走了时间？

这是小华同学描述的她的经历。课余，在教室倚窗背诵英语课文，同时无意识地看着窗外景色。突然，窗外出现了雾霾时期难得一见的蓝天，同时栀子花开了，香味扑鼻而来，她的目光渐渐被窗外的美景吸引，忘记了自己的背诵，她的时间悄悄地被景色侵入，最后竟完全忘记了自己的任务。原本沉浸在学习活动中的她不知不觉地将注意力转到周围突发事件上了。时间就这样被偷走了。

找找你身边有哪些“偷走时间”的因素？

忽然被老师或班干分派工作、有亲戚来访、同学间的闲谈、发手机短信、看同学微博微信新动态、电话聊天、在决定先做哪科作业时用了好几分钟……

就这样，时间不知不觉流逝了。

一、 概念认知

时间管理是指利用系列技能或方法来完成明确的任务和计划，达到一定的目标。时间管理的内容主要包括：制定计划、设定目标、对你花费的时间进行分析，记录时间分配的情况，确定事情完成的优先次序等。

曾听过这样一个笑话：有人帮全球首富比尔盖茨算了一笔账，结果表明，盖茨就算将一张一万美元的支票掉在地上，他也不应该去捡。因为他完全可以利用这个弯腰的5秒钟赚更多的钱。这个故事说明管理时间就是管理我们的行为，我们要通过更积极、有效的行为让生命的每一天都更有价值，那么，我们应该如何管理，让我们成为时间的主人呢？

1. 时间管理的重要性

鲁迅先生曾经说过，“哪里有什么天才，我是把别人喝咖啡的时间都用在写作上了。”世界一著名电脑公司的总裁，发现公司员工每天都非常繁忙，但奇怪的是，工作效率却很低。他找来一家咨询公司进行调查，结果发现，员工们的工作状态是：一件事没干好，身边又出现另一件事，于是扔下手头的活去干另一件活；另一件活没完成，其他的活又来了或者前面的工作在催着交工，于是又放下手头的工作，把时间、精力投入“另外”的事中……这样的工作效率也就可想而知了，人们也常称这种“忙”为“瞎忙”，也就是说，连自己也不知道在忙些什么。高中生如果不做好时间规划，也会陷入瞎忙的困境。

时间伴随着我们的一生，我们可以自由支配。我们无法阻止时间的流逝，但是我们可以充分利用时间，成为时间的主人。陶渊明说：“盛年不重来，一日难再晨。及时当勉励，岁月不待人。”岳飞在《满江红》词里大声疾呼：“莫等闲，白了少年头，空悲切！”2000年前孔子的弟子曾子在《论语》中说：“吾日三省吾身。”……这些其实就是最早的时间管理。要想在生活和学习上更高效，就要成为时间的主人。高中生自主学习的时间更多了，每天早读的25分钟，晚上3个小时40分钟的晚自习时间及每个课间都属于学生自己支配，管理时间等于管理我们自己。

2. 时间管理曲线法则

学习曲线法则是指在一个合理的时间段内，连续进行有固定模式的重复工作，工作效率会按照一定的比率递增，从而使单位任务量耗时呈现一条向下的曲线。要想提高效率，节省时间，应尽量集中处理性质相同的事务性工作，如一次性购齐一周所需的生活用品，一次性洗积累的衣物，劳动的小组连续值日一周，确定每人需要负责的区域，以便熟能生巧，这样既有利于提高工作的熟练程度，又能通过批量作业减少准备工作和中间环节占用的时间，从而达到节约时间、提高效率的目的。

另外，应注意学习任务的合理搭配。如高中生在做某一科作业一段时间后，感觉效率开始降低时，就应该及时切换到另一门学科，做完数学题可以复习英语，不同学科内容间隔复习，文理科交叉复习，从而使大脑的不同区域被轮流使用，这样既可以保持对学习的兴趣，又能进行积极休息，提高学习效率。

反效法则是指在超负荷工作过长的时间后，由于注意力不集中、头脑不清醒导致失误发生，造成难以弥补的损失或工作的延误，出现得不偿失的结果。反效法则告诫我们，必须掌控好工作与生活的节奏，做到有张有弛，每学习一小时就应该放下手中的工作，起来活动十分钟，通过运动促进脑部血液供应，保持精力充沛。因为太疲惫时学习效率很低，不如先让自己休息一会，放松心情，以便调整到最好的状态去学习。为避免反效法则的发生，应该养成一些良好的学习和生活习惯，如及时整理好自己有用的试卷和资料，以避免随手丢弃。但最好办法还是做好时间计划，对于紧急重要的任务，要未雨绸缪，早做打算，争取主动，这样才会避免临时抱佛脚的现象。

3. 时间管理的技巧和方法

（1）与时间赛跑

小沈阳曾说过："眼睛一闭一睁，一天就过去了。眼睛一闭不睁，这辈子就过去了。"

一分钟可以读（读出声）180个字；每天与时间赛跑30分钟，一年下来你就可以比别人多读10—15本书；

一个银行员一分钟能点10万多元现钞；

一个秘书一分钟能打150个字；

一个成年人一分钟可以走55—65米。

那么如果给你一分钟，你猜想一下你能鼓多少次掌呢？

一分钟鼓掌体验活动：

讲述一分钟鼓掌的活动方式，先让学生猜自己一分钟能鼓掌多少次，再给学生5秒钟时间鼓掌，记录自己鼓掌的次数，再乘以12，得出的数目远远超出了学生估计的数目，学生体验到了时间的力量。一分钟是可以做很多事情的，我们生命中有很多个一分钟已经流逝了，此时，更应抓紧时间，与时间赛跑，按计划做好每天的事情。

图　学生一分钟鼓掌活动

(2) 要制定科学有效的时间表并且坚持执行

时间表具体可以分为学期时间表、每周时间表、每日时间表，三者相辅相成。

① 学期时间表。一般一学期是四次统一考试，高中生可以参考这一学校的学期计划来制定自己的学习计划，内容包括：这一学期规定的全部教学活动，如上课、考试，非限定性课程、社团活动等；一个人生活不可少的睡眠、饮食时间安排。填好这些内容之后，余下的空白则可结合自己的课程表，用于安排每周、每天的主要学习生活内容。学期时间表一学期编制一次即可。

② 每周时间表。可以根据当周的学习任务、学校活动和自身情况，对每周时间表进行充实。列出这一周要完成的几大块任务，如要准备物理小测验、英语听写等，再具体到每天。

③ 每日时间表。编制每日时间表，可按其重要程度依次排列，告诉自己首先要完成什么，其次要完成什么；另外也可以利用"时间流程法"，按一天的时间发展，把每一时间段内要完成的事件写好，比如早上 7：10—7：20 背语文英语课文，18：40—19：00，先写第二天要交的作业，19：30—23：10 上晚自习。当然，每位同学也可根据自己的实际情况，采用适合自己的时间管理办法。总之，要"今日事今日毕"，避免拖延。

④ 双休日、节假日时间安排

平时的课余时间高中生还比较注意安排，而双休日、节假日有更多的时间属于自己，如何过得更有意义，高中生要给自己定好位。下面是班级学霸周末时间的安排表：

周六晚：18：00—20：00 20：00—23：00	休息 写本周作业
周日上午：8：00—12：00	写本周作业
周日下午：13：00—14：00 14：00—15：00 15：00—17：00 17：00—17：30	整理一周笔记 数学竞赛题 物理、化学、生物辅导材料；预习积累英语词汇、短语

从上面表格可以看出，这一学生的时间安排得很紧凑。所以，在周末和假期中，要先安排学习的时间和任务，做到有备无患，未雨绸缪。

大多数同学都有制定时间表的意识，可最难的问题是如何将计划进行到底？

事实上在执行学习计划的过程中，既要有原则，又要灵活，注意技巧。

① 保持弹性和可变性。

我们在实施计划时，可能会遇到各种变化需要作适当的调整。例如，对新学知识的难度估计不

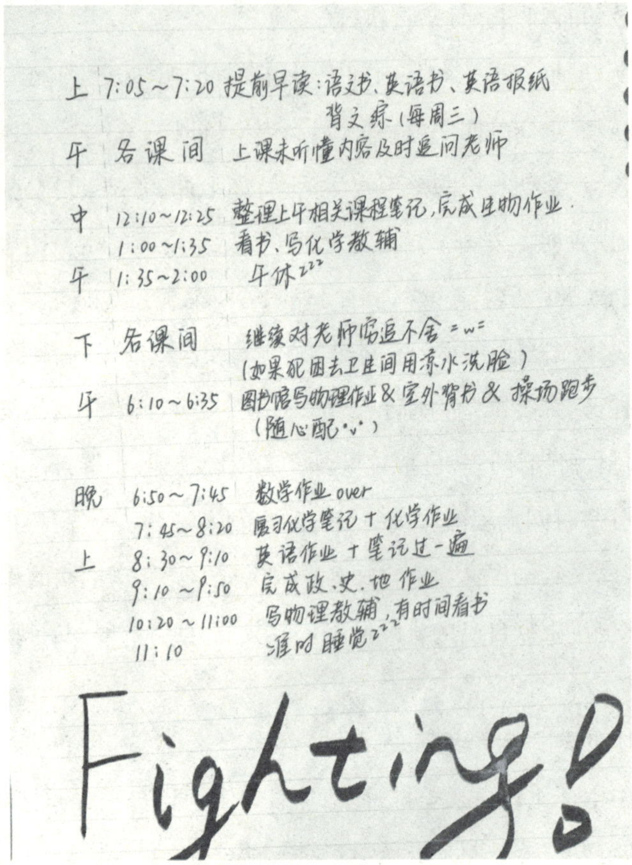

上 7:05~7:20 提前早读：语文书、英语书、英语报纸
背文综（每周三）
午 各课间 上课未听懂内容及时追问老师

中 12:10~12:25 整理上午相关课程笔记，完成生物作业
1:00~1:35 看书、写化学教辅
午 1:35~2:00 午休zzz

下 各课间 继续对老师穷追不舍 =w=
（如果犯困去卫生间用凉水洗脸）
午 6:10~6:35 图书馆写物理作业 & 室外背书 & 操场跑步
（随心配·v·）

晚 6:50~7:45 数学作业 over
7:45~8:20 复习化学笔记 + 化学作业
上 8:30~9:10 英语作业 + 笔记过一遍
9:10~9:50 完成政、史、地作业
10:20~11:00 写物理教辅，有时间看书
11:10 准时睡觉zzz

Fighting!

图　学生的一天时间计划表

足，某一阶段集体活动太多等。因而，在制定时间计划表时，不能把时间绝对固定化，要有一定的弹性，这样才不至于在遇到意外情况时手足无措。

② 要注意结合自己的实际。

如果你的兴奋点在白天的话，就可以多安排一些白天时间来学习，晚上多安排一点时间来休息；如果是“夜猫子”，就可以晚上多安排一些学习时间，并把难度较大的任务安排在这一时间，中午安排一些时间来休息。

③ 及时检查并修改计划。

生活和学习应该形成规律，但也不可能像机械运动那样，周而复始，一成不变。当时间计划执行到一个阶段以后，就应该检查一下学习的效果，并对原计划中不适宜的地方进行调整。一个新的更适合自己的时间计划，将会使你今后的学习更加有效！检查内容有：是不是基本按计划去做？计划任务是否完成？学习效果如何？没完成计划的原因是什么？什么地方安排太紧？哪些环节安排轻松？等等。通过检查后，再修订计划，改变不科学、不合理的地方。

④ 巧用符号，帮助自己执行计划书。

把计划书放在显眼处，如贴在课桌上，严格执行。并且，每天完成后可以标上个自己喜欢的标志以增加成就感。比如，可以把完成过的任务用红笔划掉，用星号标示，或完成后打钩。当一天的计划表被划完的时候，任务也就完成了，会觉得分外轻松，非常有成就感。

⑤ 建立奖惩制度，请老师、同学和家长监督。

若时间把握得好，奖励自己，给自己买一直想看的漫画书或喜欢的零食，强化这种有效的行为，让自己体会完成任务的愉悦感，反之惩罚。并且树立自信，相信我一定能坚持。有目标，就有动力，树立内心最渴望的目标。

养成一个良好的管理时间的习惯是一个长期的过程，并且在这一过程中最重要的就是坚持，总是说起来容易做起来难，但只要大家提高时间管理意识，采用合理的方法，在有限的时间内提高学习效率，每个人都可以超越过去的自己，做最好的自己。

（3）高效利用课堂时间

学生对学习时间的掌控也必须要有一套切实可行的计划，需要把学习任务具体分配到每一月、每一周、每一天去。

① 课前三分钟，你在做什么？

预习；复习；准备好相关学习用品，迅速进入上课状态。

② 在提高课堂学习效率上，你是怎么做的？

在课堂上，当老师布置的任务你已经完成了，你在做什么？

学生的大部分宝贵时间都在课堂上度过，一般一年要上 1 200 节课，共 900 小时，若课堂时间管理不好，听课效率不高，学习就事倍功半，效果大打折扣。据心理学家统计，15—18 岁的高中生可使注意力稳定 40 分钟，但同学们在上课时分心、走神的现象还是较为普遍的。为了提高课堂学习效率，可以课前预习，找出重难点，以便上课有的放矢。另外，还要掌握正确的听讲方法，处理好听讲与做笔记的关系，先听讲，理解老师所讲的内容，再有针对性地记笔记。还有，要重视并参与课堂讨论，踊跃回答老师提问，及时巩固知识，力争当堂消化。

③ 你是如何安排晚自习时间的？当晚自习你已完成了当天的作业，你是怎样度过的？

按遗忘规律复习，遗忘规律是先快后慢，所以要课后及时复习。长时间学习一门功课，会使大脑皮层的兴奋点固定在一个区域，容易造成大脑疲劳，影响学习效果。所以不同学科内容间隔复习，进行积极休息，有利于使大脑皮层交替兴奋，提高学习效率。

按生物节律安排学习内容：精神好时完成学习难度大的内容，如晚自习这样的整块时间，在很安静的环境里就可以完成英语完型填空、阅读理解这样需要精神高度集中的作业。轻微疲劳时完成学习难度小的，如课间可以看语文老师布置的课外阅读任务。

过度学习：复习量达到 150％时，记忆效果最好。

善于借用外力，及时向老师同学请教，解决难题，绝不不懂装懂，积累问题。

（4）善于利用零散时间

争分夺秒背单词

小锋是班上最刻苦的几个学生之一，他的成绩名列前茅，科科优秀，但他入学时英语并不好。为此他自制过一个小本，正面是英语单词，反面是中文解释，苦记硬背，看到理解了的英语单词就翻过去，否则就看反面的中文解释。他走在路上也在背，去食堂吃饭排队时也在背，外出等公共汽车时也背，他善于利用这些零散时间，英语水平很快就上去了，他的勤奋刻苦终于收获了实效。而他对时间的精打细算也使他能有更多的时间来弥补自己的不足之处。

小锋的故事，是不是可以给大家一些启发呢？

雷巴柯夫曾说："用分来计算时间的人，比用时计算时间的人，时间多59倍。"

零散时间看似很少，但集腋能成裘

"用零散的时间记忆零散的知识。"在日常生活中，有许多零散时间，如：食堂排队的十几分钟、等电梯的几分钟、车站候车的三五分钟等。零散的知识主要是英语单词和语法，语文的语音、词语、标点、熟语等基础知识。大块的读书时间可以用来钻研数、理、化、生的题目，记忆政、史、地等系统性很强的知识，而把那些零碎的知识写在小纸片上，随身携带，在零散的时间记忆便能充分利用时间。

【高效锦囊】

在零碎的时间里，你可以做下面这些事情：

1. 读短篇文章或看报纸。较短的零星时间适合读一些短篇的文章或自己感兴趣的报纸，这样可以帮助你开拓知识面。

2. 背诵诗词，记忆英语单词，复习错题本等。由于学习的内容和性质不同，整体时间和零星时间的用法也不同。一门较系统的、难度较大的学科，则需要整体时间，而有些内容，诸如背诵诗词、英语单词、订正听写等难度不大、不需要高度注意的学习任务，就应该多利用零碎时间。

3. 讨论，求师。把学习中积累的问题，利用零星时间去和同学讨论，向老师请教，这也是充分利用时间的有效方法。课间做选择题、填空题这样的小题目，保持做题的完整性，勿做大题，以防断了思路。

4. 整理学习资料。相信老师们经常看到这样一种现象，上课要讲试卷时，有的同学很轻松地从文件夹里拿出试卷，而有些同学把抽屉里的书全部抱出来，一本本地翻，老师都要开始讲了，仍在埋头找。学习总是离不开资料，保持课桌整洁，将资料归类，尤其是各科试卷和英语报纸。按第二天上课的课程，有次序地整理教科书、笔记本，清理文具等，这是十分必要的，也是有效的时间管理的体现。一个好的时间管理者是不会花很长时间在一堆乱材料中找出上课所需的书本和练习的。

（5）战胜拖延

据统计，20%的普通人每天都存在拖延行为，由此推算，全球竟然有近10亿人患有拖延症，这让小伙伴们都惊呆了，引起拖延的原因是什么呢？网络与懒惰才是罪魁祸首。

21%	追求完美
23%	不自信
26%	时间充裕，不着急做
42%	偷懒

其中，学生与职场人的拖延最为严重，据调查，这其中35%的人只在日常琐事上拖延，24%的人会在一般性事务上拖延，54%的人不管大事小事都有可能拖延，更伤不起的是10%的人会在大事如毕业论文、产品设计等方面拖延。

拖延症的危害：

1. 耽误时间，进而影响学业。

2. 因事情未做而焦虑，影响情绪，造成更大的心理压力。

3. 给人留下不良印象，影响人际关系。

克服拖延的方法：

1. 坚持“两分钟原则”，避免拖延。

两分钟原则是如果在两分钟内能完成的事，立即着手去做，比如收作业、向老师问题目、擦黑板、背单词、记忆公式、完成一道数学题等。

2. 消除干扰

曾有同学告诉我如果将手机放在一边就无法集中精力写作业，因为一会儿QQ响一下，一会儿消息来一条，所以总是会隔两分钟就去看一次手机。因此，关掉QQ，关掉音乐，关掉电视，将手机置于一边……将一切会影响你学习效率的东西全部关掉，全心全力地去学习完成作业。

3. 设定更具体的目标

如果你的计划是“我提高数学成绩”，那么这个计划很可能流产。但如果你的计划是“我每天多做3道数学题，希望下次的数学测验能达到80分”，那么这个计划很可能被坚持下来。所以，你不妨把任务划分成一个个可以检测的小目标。

4. 不要给自己太长时间

心理专家弗瓦尔发现，花两年时间完成论文的研究生总能给自己留一点时间放松、休整。那些花三年或者三年以上写论文的人几乎每分钟都在搜集资料和写作。所以，有时候时间拖得越长，效率越低。

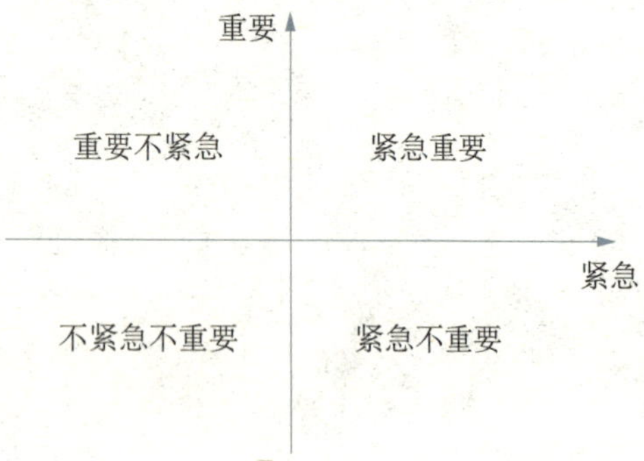

(6) 生活中要分清事件的轻重缓急

在我们的生活中，我们往往有许多事要做，常常让我们感觉焦头烂额。而事实上，事情总有轻重缓急，根据活动的重要程度、完成的时间限制大小我们可以把活动分为4类。

请同学对照自己的生活分类表思考：

1. 如果大部分的事情都集中于“紧急重要”一栏，说明什么？

大多事情拖延到最后一秒钟做，这样的人没有合理安排时间，焦虑感是很强的。

2. 如果大部分的事情都集中于“不紧急但重要”一栏，说明什么？

说明能够较好地安排自己的时间，并完成自己的任务，焦虑的时间较少。

3. 如果大部分的事情都集中于“紧急但不重要”一栏，说明什么？

有太多的突发事件，需要考虑如何解决。

4. 如果大部分的事情都集中于“不紧急不重要”一栏，说明什么？

哪些是紧急重要的事呢？是不是都堆积到这个星期了？(都堆积到同一个时间做)

总结：重要紧急的事马上做。例如：第二天要进行英语听写或单元测试，就一定要抽时间尽快复习，做到有备无患。其次是做重要而不紧急的事，这一类的事情影响深远，如提高英语阅读能力，这类事情的效益是中长期的，时间管理理论的重点是把主要的精力和时间集中地放在处理重要但不紧急的工作上。

紧急但不重要的事，要学会说“不”。一个人的时间和精力是有限的，对于自己不重要的事情，能不做就不做。

对于不重要也不紧急的事，尽量不去做。如果确实需要做，那么要严格限定时间，比如：上网聊天看新闻，限定一个时间范围，时间一到就立刻停止，千万不要让时间慢慢地被消耗掉。

只有合理安排时间，我们才能做到长远规划，学习效率会大幅提升，生活的事件也会处理得更得当。

二、探究活动

探究活动一

撕去时光的纸条

同学们，一个人要想获得成功，一定要全面认识自己，客观评价自己，确定恰当的人生目标，把握今天，从现在开始行动。

游戏过程如下：

(1) 老师为每位同学准备一张细长的纸条——假如一个人能活 80 岁，上面一年一个刻度，80 个刻度代表着一生。

(2) 拿着这张时光的纸条，请同学们开始回忆：幼儿园，小学，初中，每回忆，告别一个年龄段，便撕去纸条上相应的那一段。(这是一种“热身”，实际上在悄悄地提醒学生时间的概念。)

(3) 撕完了“过去”，请同学们“撕”出一个将来：给自己限定一个“独立的时限”——计划什么时候拥有自己独立的家庭和一份喜爱的事业然后将“独立时限”之后的纸条撕去。(提到规划自己的未来，学生兴奋极了。有的同学“嘶”地一声，迫不及待地就将自己的时光纸条从 17 岁之后撕去。同学们手上的纸条开始长短不一，有的同学手上的“时间”只剩下短短六七年了。)

(4) 老师继续领着学生往下做，直至学生手中的时光纸条只剩一截小纸条：“每天有三分之一的时间在睡觉，所以要再撕去三分之一”；“每天还要有最起码的娱乐休闲时间，不然生活不是太无趣了”。

(5) 此时，请同学们谈谈“撕纸条的感受”。

探究活动二

装不满的碗

实验演示：装不满的碗。（提前准备一个大碗，一瓶水，一些大小不等的石头，少量粗沙，细盐等物品）

同学们，我今天拿来了一个很特殊的碗，说它特殊，是因为这碗装东西永远也装不满。不信，下面我就演示给大家看一看。

师：（取几块石头放入碗中，直到放不下为止）满了吗？

生：满了。

师：（往碗里加入粗沙，直到加不进为止）满了吗？

生：满了。

师：（往碗里加入水，直到溢出为止）满了吗？

生：满了。

师：（往碗里加入水，直到溢出为止）满了吗？

生：满了。

师：（往碗里洒入一些细盐）满了吗？

【领悟与反馈】

要有计划地安排时间，当事情多、时间少时，我们首先应考虑如何穿插利用时间，提高学习的效率；如果事情实在太多，就必须舍得暂时割舍一些，以保证重点。比如在临近期中、期末考试时，不能靠“开夜车”来提高考试成绩，而应该靠提高时间利用效率，暂时放弃娱乐活动等方法。

探究活动三

做一做

制作一张便卡，定时刷新填写。常提醒自己在生命里还有多少时间。

假如我有 80 岁寿命（29 200 天），到今天为止我的生命已用去 <u>5 840</u> 天，只剩下 <u>23 360</u> 天。学习知识的黄金时期是 6—25 岁，这 20 年大约有 7 300 天，我还有 <u>1 825</u> 天黄金时间。______年____月____日（以一年 365 天，15 岁为例）

这仅是理论计算，事实上我们不能肯定自己未来到底有多少时间，不能肯定可以活多长，但我们能做的，就是管理好每一天的时间，和时间赛跑。

三、

补充练习 1

班级学霸时间表

6：30	起床
7：10—8：00	早读，读语文、英语课文，报纸文章
8：10—12：10	上课
12：40—14：00	午睡，看数学竞赛书 20 分钟，写 20 分钟作业
14：00—14：30	到班级写数学辅导材料
14：30—17：45	上课
18：20—19：00	打篮球

续 表

19：00—20：20 第一节晚自习	写当天作业，写物理辅导教材
20：30—21：50 第二节晚自习	写当天作业，整理当天各科笔记，整理化学错题
22：00—23：10 寝室晚自习	复习英语笔记，写生物教辅材料

【思考】

你认同这张时间表对时间的管理吗？请列出你一天的时间计划表。

补充练习 2

高三学长时间表

小鹏简单写了一下他的时间表，这个和他不少今年金榜题名的同学相仿。高三后半程走读，早上 6 点起床，6 点半前出门，6 点半左右到班上（一般可以听到克罗地亚狂想曲）。有不少同学是到班上吃早饭，大家有共识，所以班上的同学安安静静地背书，走廊一排兄弟姐妹抓着早饭一边吃一边清醒一边背书。下课间隙抓紧时间补觉，一倒倒一片，其实不是坏事，重要的是上课的时候清醒过来。高三中午 11：20 放学，高一高二 12：10 分放学，那么 11：50 从教室走，既能腾出半小时背书刷题，又能不排队就打饭吃饭，吃完正好在他们放学前一些，电梯都不用排队，回寝室再看会书，留足半小时睡觉。晚饭得跑去食堂，走回来。21：50 放学，穿梭在人群里奔回家，洗澡，吃点东西，聊会儿天，22：20 开始看书，到 12 点睡觉（我不能熬夜，因为一旦过了 12 点半我就开始失眠到 3、4 点）。规律让人心安，所以不上课的周六晚上和周日整日都是如此，星期天清晨如常，热络地找保安大叔开 C 楼的铁闸门，整个校园只有你自己的感觉相当惬意。（坚持到最后也很重要，一直到关校园前班上和图书馆都有些小伙伴在自习，除了心态出问题的，其他都考得很好。）

学生案例

不负自己的青葱时光

——合理安排高中生活

我是一名新晋高一学生。入校成绩很不理想，班级倒数第五。刚开学那段时间，自己感到很烦躁，很无助。每天忙忙碌碌，却总是碌碌无为。最终，我意识到：如何充分利用与别人同样多的时间，是问题之关键。

我重新鼓起勇气，来一场“时间之战”。

清晨，别人睡眼惺忪、无聊排队之时，正是我开始阅读之时……漫长的排队时光，过得很快、很充实。这样有“内涵”的早餐使人神清气爽，更有利于开启一天轻快的学习之旅。

早读，在别人等着被安排任务时，我准备好早读材料。先快速浏览，圈出不认识的生僻字或单词，用学生端里的词典，立马查找，标注上去。这样不仅提前进入状态，而且快人一步地学习新知识，方便记忆。

课间，我利用学生端里的词典来学习单词。它有“单词学习设置”，设置好后，有空就看几个单词，里面内容很丰富：既有相关的派生词，又有相关的短语及例句。

中午和晚上就餐时，在别人慌慌张张冲向人群、挤向餐厅时，我选择握紧手中的笔，或誊抄笔记，或整理错题……就是这短短的十几分钟，不仅可以错开就餐高峰期，还可以做完很多琐碎小事，不必占用其他的宝贵时光。

午休前，我或写理科的练习题，或预习下午的课程……这些大概花 40 分钟，我会保证自己有 30 分钟的午休时间。在临睡前，我会背书，默默地在心里过一遍。很助眠呢！

晚自习，是一天中最关键、最宝贵的时间段。我的计划一般是：文理交叉，先理后文。写理科时，经常会碰到难题，如果很久都没有思路，先做个标记。或问同学，或请教老师，问题要及时解决。写英语时，完型里会出现很多生词，先连蒙带猜过一遍，然后利用学生端查关键词，再开始作答。不管是哪门功课，我都会给自己规定时间。高效，很关键。晚自习时的我，像一名前线战士，始终高度绷紧神经，和作业进行持久战斗，拼个你死我活……

铃声响起，自习结束，而战斗却仍在持续。快速洗漱后，是寝室自修时间。我一般用来攻数学：先看教辅材料，掌握方法；然后通过不断练习来强化，有时，我还会阅读数学方面的书籍……

就这样，一天天过去了，我渐渐养成了规律的作息习惯，学习也有了很大的起色。经过一个学期的努力，我已经从刚开学时的倒数第五冲到了班级前十名，而这一切都得益于有效的时间安排。我一直按照自己的计划进行着。在别人抱怨辛苦时，在别人埋怨时间不够时，我坦然一笑，大步流星，向前迈进，不负自己的青春年华！

（编写：汪　倩）

第九节　自主选课

以前，一到高一下学期，学文还是学理的选择就摆在我们面前。在许多同学眼里，文理选择的重要性几乎相当于一次中考或者高考，于是为此犹豫不决，甚至寝食不安，唯恐一朝选错科，从此入歧途。2014 年起，全国部分省市迎来文理不分科，未来几年全国所有省份都将文理不分科，大家以为这下再不用为分科选择发愁了。

其实这是很大的误解。

文理不分科后，高中生将面临着更复杂的选择，而且这种选择从一进入高中就开始了。选择更多，不再是政、史、地和理、化、生"捆绑"后的二选一，有更多组合；即使同一门课也可能根据学校实际分为不同的难度等级，如数学可能分为难度Ⅰ、难度Ⅱ、难度Ⅲ三个等级；为了将来升学和从事职业的需要，每位同学都必须选择一门或几门选修课，甚至要选择大学先修课。传统教学中固定班级、固定教室的形式将受到影响，学校将实行"走班上课"制度。

简单说，每个人都将根据自己的兴趣、未来要上的大学以及将来要从事的职业来选择上不同的课，可以说我们每个人都有一张属于自己的课程表。课程表由我们自己作主——"私人定制"，听到这个我们肯定感觉有些刺激又有些"头大"。

这有点类似我们到饭店点菜，我们可以自己确定一张适合自己的菜单。那么，面对这种情况，哪些才是我的菜，该如何定制自己的"菜单"呢？

思考一：有什么"套餐"可选？各"套餐"在高校录取、报考安排方面有哪些特点？

以前是两种"套餐"：文科和理科。也就是说，要么选"语数外 + 政史地"，要么选"语数外 + 理化生"。

新的高考规定，文理不再分科，调整为“3＋3套餐”。与传统“套餐”相比有什么区别呢？前一个“3”是“语数外”，后一面一个“3”，由考生在语数外之外的其他科目中自由选择3门，文理可以搭配，也就是说不再局限于文理两种。如果是从历史、地理、政治、物理、化学、生物6门中选3门，那么就有20种组合（目前上海的模式）；如果有7门，那么就有35种组合（目前浙江的模式）。

语数外各150分，总分450分，其中外语科目可考两次，而且实行社会化考试，选最好一次成绩记入高考。选考科目目前上海是每门70，浙江是每门100，也就是说，加上语数外450分，上海的高考总分是660分，浙江的总分是750分。选考科目分合格考和等级考，分数按一定比例合成，有的省市等级考仅有一次考试机会，成绩按学生比例计等级，有的高二和高三各有两次考试机会，可自选两次参加，成绩取最高分。录取时，再折合成分数。比如上海选考科目分11个等级，在折合为分数时，一个等级相当于3分。比如，A＋折合为70分，A折合为67分。

同时，每所高校的专业在录取时，会提出报考科目要求，根据规定，每所高校提出的科目要求，不得超过3门，考生只要满足一门即可报考，比如，某校物理专业提出物理或化学或生物科目要求，考生的选科中，只要有其中任何一门，都可以报考。

同样，高校的专业也会提出科目组合要求，每所高校提出的科目要求，不超过3门，考生只要满足其中一门即可报考。高考录取主要看“3＋3”的总分，填报志愿不再分文理科，而是根据高校专业提出的科目要求，进行报考。

大家明白了，文理科学习转变为选科学习，我们的选择权增加了。

来，我们以上海的6选3为例，看看20种组合形式

序号	选科组合		
1	物理	化学	生物
2	物理	化学	历史
3	物理	化学	政治
4	物理	化学	地理
5	物理	生物	历史
6	物理	生物	政治
7	物理	生物	地理
8	物理	历史	地理
9	物理	历史	政治
10	物理	地理	政治

续 表

序号	选科组合		
11	历史	化学	生物
12	地理	化学	生物
13	政治	化学	生物
14	化学	历史	地理
15	生物	历史	地理
16	化学	历史	政治
17	生物	历史	政治
18	化学	地理	政治
19	生物	地理	政治
20	历史	地理	政治

你准备怎么选呢？你肯定很关心不同的组合对高考有什么影响吧？以浙江为例，我们来看一组数据。

在浙江招生的 1 368 所高校公布了选考科目范围，涵盖 23 719 个专业(类)。有 500 多所高校没有提出选考科目要求。各高校所有专业(类)中，54％不限选考科目，46％设限选考科目，其中设限范围为 3 门的占 33％，2 门的占 8％，1 门的占 5％。其他各校提出选考科目要求的专业(类)中，选择最多的是物理，涉及设限专业(类)的 81％，其次是化学涉及 64％，再次是技术涉及 36％，此外，生物、历史、地理、政治分别涉及 32％、19％、15％、13％。见下图。

各校提出科目要求的专业（类）中

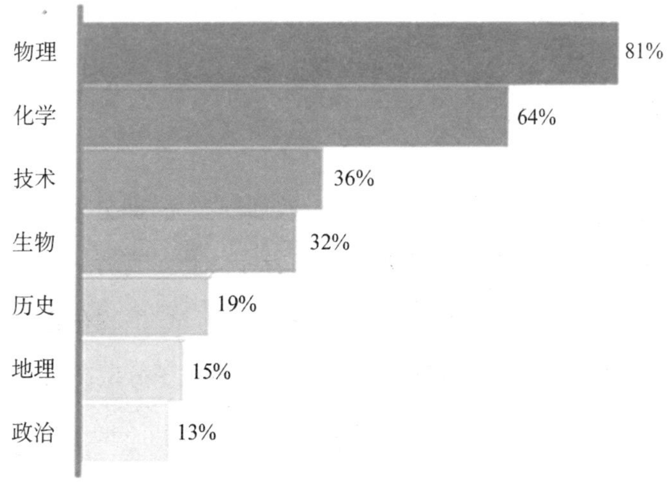

高校设限 3 门科目的，有多种不同组合。选择物理、化学、生物组合的考生，可选考 95％的专业；选择政治、历史、地理组合的考生，也就是传统意义上的文科生，可选考 66％的专业，比现行高考文科生 34％的选择面，高出近一倍。此外，物理、化学、历史的组合，虽然不能达到 100％，但选择面比物理、化学、生物的组合更广。

当然，如果你有选择困难症，先总结一下：选考任何 3 门至少都可报 66％的专业，在新的高考方案中，考生的专业选择面，比文理分科的现行高考，有了大幅提高。

还有这样几种具体情况：高校指定 1 门的，只有选考了这门科目的考生才能报考；指定为 2—3 门的，考生选考科目中只要有 1 门，就能报考；没有选考科目设限要求的，考生当然都可报考。

如果把所有高校一起计算，其中包括 500 多所没有设置选考要求的高校，那么考生选考物理即可报考(包括高校设限选考科目为物理或没有设限选考科目)91％的专业(类)，化学达到 83.5％，技术达到70.6％，生物达到 68.8％，历史达到 62.8％，地理达到 60.9％，政治达到 59.7％。

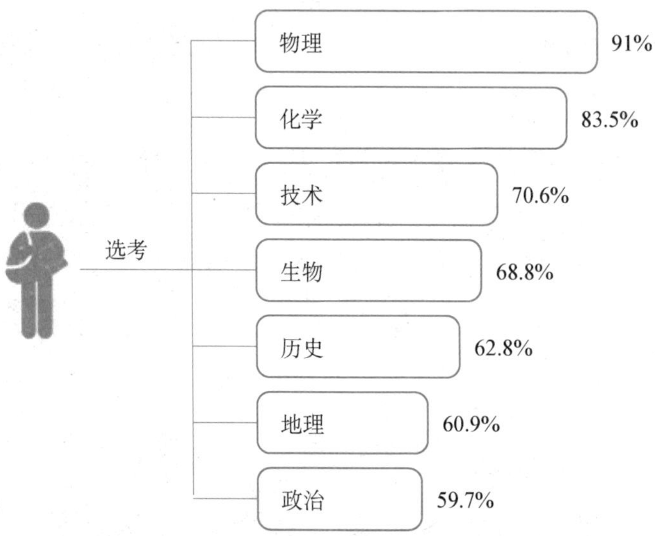

值得一提的是，技术学科地位直线上升，全国共有 48 所原 211 高校的 330 个专业，都要求选考技术科目。

这个菜单还有一个特点，就是分散“消费”，不是一次性“吃”完，即分散考试。以前传统高考，3 加文科综合，或 3 加理科综合，基本上集中在两天中全部考完。而新高考语数外 3 门是放在同一时间考，外语另外一次考安排在其他时间考，另外 3 门选考科目的考试，不放在和语数外统一的时间考，而是放在高二或者高三进行考试。因此，高考从一次集中考试变成了分散高考，评价变得更加综合和动态。这也扩大了学生的考试选择权。

思考二：我是怎样的一个人？我希望成为什么样？我的优势和可能的限制是什么？

正如同要点什么菜，可能首先要想想自己的身体状况，能吃什么菜，该吃什么菜。选课也一样，首先要了解自己，适合学什么，应该学什么，“因地制宜”，为自己“量身打造”合适菜单。甚至需要在进“饭店”之前就要思考，就要准备。

对于职业有较深研究的管理专家霍兰·德曾把人分为现实型、社会型、智慧型、常规型、事业型、艺术型六种类型，并列举了每种类型的人适合从事的职业。自己属于哪种类型的呢？这要看我们的性格和能力，有好多这方面的测量表，可以让我们了解自己的性格和能力。本节附录2里有100道测试题，可以为我们了解自己适合学习的专业提供参考，从而及早根据自己的特点选择最合适的课程。

学生王琪紫用《CareerSky高中生涯发展教育系统》进行了测试后，很有感慨，她第一次知道自己性格上属于“外向直觉思考判断”型，其中自己的语言—言语能力和人际交往能力比别人高出不少。她说看测评结果像看镜子里的自己一样，新奇而忐忑。不过第一次了解了自己的性格和能力，她感到非常开心。她的理想是成为一名外交官，她一直不能确信自己是不是适合这样的工作，又不知在高中能为这个理想的职业做哪些准备。现在她了解了自己的性格和能力类型，她决定加入学校的“模拟联合国社”，每周三下午她将留出1个小时的时间参加社团活动。同时，她准备选学校开设的“英语口语交际”选修课，来提高自己的英语口语表达水平，为此，她放弃了对“古代诗词鉴赏”课的选择。

我们来看下面三位同学关于选课的对话：

甲：我身体不高，妈妈老是担心我长不高，我选太极拳基础课。

乙：我最擅长的还是画画，以前学的是素描，国画我也画过，我准备选国画入门课。

丁：我猜模拟驾驶课应该很好玩，我就选这个吧。

选课还与人的性格有关，从上面三位同学的对话中可以看出，不同性格的同学选择的标准是不一样的，有的是弥补不足，有的是发挥长处，有的是满足新奇。我们很难说哪种选法更科学，高中提供的丰富课程能开阔我们的眼界，锻炼我们的能力，帮助我们了解人生的多种可能。上面三位同学的选择标准都可以作为我们的参考。

当然，大多数学生在选课时可能会更多地考虑将来从事的职业，的确，进入高中后我们感到职业的选择离我们越来越近，不再是遥不可及的事情，应现在就有所准备。现在学校创设的丰富课程同样能给我们的职业生涯的规划提供更多的机会。我们了解了适合我们学习的专业和从事的职业，在选课时可以将其作为重要的参考。

一般来说，我们可以把职业按传统的认识大体分成两大类。

文科倾向职业：天文学、文学、新闻、历史、地理、艺术、法律、交通运输、服务行业、教育等。

理科倾向职业：物理、数学、化学、生物学、医学、农业、建筑、轻工业、电子技术、产业工人等。

我们现在学习的各科知识，包括我们从选修课、社团活动里学来的知识，都将会在不同的行业派上用场。比如我们学习的生物知识，在农、林、牧、渔行业里，会起到重要作用；我们学习的化学、物理、地理知识，在地质勘探、采矿行业是不可缺少的；我们学习的数学，在会计、金融业中，会派上用场；我们学好了英语，就能更容易了解更多世界上的先进信息的第一手资料；而语文知识和能力，在我们阅读任何一份资料，写任何一篇文章，与人交流等时，都离不开它，如果我们要从事文字方面工作，我们必须学得更精细。学校开设的那些与我们未来准备选择的专业相关的选修课，我们一定要首先考虑。只要你了解了自己，确定了自己的人生方向，就可以大胆地选择。

思考三：大学是怎样的？有哪些专业？如果出国上大学要做哪些准备？

了解大学，了解大学的专业设置，可以让我们为自己以后上大学、学专业和未来的职业发展做好知识、能力、素养等方面的准备，我们选课时才会更有针对性。

在20世纪90年代以前，我国高等教育实际上都是精英教育，也就是说进入大学的学生比例较小。随着“扩招”时代的来临，我国高等教育飞速发展，如今全国很多省市的大学录取率早已“破八”(录取率达到80%)，甚至“破九”，可以说我国高等教育已经实现大众化。

在这种背景下，新的高考改革方案把人才的培养分为两种，一种是技术技能型人才，一种是学术型人才。这两种人才有什么不同呢？第一种高考模式是技术技能人才的高考，考试内容为技能加文化知识；第二种高考模式就是和现在的高考类似的，学术型人才的高考。技能型人才的高考和学术型人才的高考分开。技术技能型有三种人：第一类是工程师，第二类是高级技工，第三类是高素质劳动者。这与之前的职业教育有所不同，职业教育只讲技能，随着信息技术的发展和产业升级，技能需以技术为基础。

而培养的院校也不同，前者主要指地方本科院校及高职院校，后者主要是43所“985”高校和110多所“211”院校(具体学校参见本书“志愿报考”一章)。由于学生在高中阶段因各种因素不能很好地对自己的人生发展做好规划，目前在我国出现了这样一种尴尬的局面，有些同学上了“好”的学校，毕业时技能不如“不好”的院校的毕业生，还找不到工作。

了解了大学的不同分类，我们一进入高中就要给自己准确定位，以后准备走哪条路或者从事哪方面的工作，选择适合自己未来发展的模式，从而使自己选择高校时目标明确，不盲目。如果我们确定自己将走技术技能人才的高考这一条路，我们在学校选课时应尽量考虑那些能够培养动手能力的课程，比如电器修理类的拓展课程。

除此之外，我们还要了解大学的专业设置。目前，我国大学的专业门类有12大类，70小类(详见本书“志愿报考”一章）。

大学的专业是丰富多彩的，它们有的侧重培养文科生，有的侧重培养理科生，有的则培养文理兼通的，可以说大学为我们提供了多种多样的可能。当然可能要求我们在高中时就做好相关的准备，选课时就要好好想一想了，以后准备学哪个专业。

还有一些同学准备出国上大学，比如去美国上大学。美国留学专家高燕定老师列了一个美国大学录取的计算公式：

综合素质总分＝就读的高中（0—4分）＋课程难度（0—21分）＋年级排名（1—3分）＋平均成绩（0—16分）＋SAT成绩（6—25）＋获得全国荣誉的学生（0—3分）＋申请论文（3—5分）＋推荐信（2—4分）＋课外活动（5—30分）＋种族多元文化（3—5分）＋体育活动（8—40分）＋超级录取（40分）

（摘录自“高燕定新浪博客”）

从上面这个公式可以看出，就读最知名的高中和一般高中的最大差别只有4分。如果把自己的孩子送到最好的学校上学，有时因为成绩居中，反而降低了竞争力。而课程难度就是指选的课的难度，从分值上来看，上哪所中学并不十分重要，但在学校里选什么课程却很重要。美国高中通常有普通课程、荣誉课程和大学课程（即AP课程）3种。如果学生在知名度很高的学校上学，却只选择相对容易的基本课程，那“课程难度”这一项就只能得0分，而即使在普通中学上，选修了难度大的课程或者大学程度课程就有可能在此项得到21分，这是很大的差距。目前，我国的北京十一中学、合肥市第八中学等学校均将大学课程引到中学，开设选修课，上海部分高校也开始接受中学生去选修大学的课程，并修得大学学分。在选课时，如果有条件，我们一定要积极参与。

SAT也需要了解一下，它被称为“美国高考”。虽然不像中国高考那样，起着一锤定音的作用，但是，SAT在公式中最高的可能得分为25分，可见其在美国大学招生过程中也扮演了非常重要的角色。SAT分为三部分，分别为数学、英文和英文写作，满分2 400分。中国学生参加这个考试，最重要的是英文水平，很多同学失分不在数学，而是英文水平影响了理解。而课外活动和体育活动比SAT的赋分还要高，这不能不引起重视。

思考四：高考科目应该按什么原则选？其他课程应该怎么选？要注意些什么？

新的高考形式下，我们需要在高一就要开始进行选科和考试规划。因为有的选考科目在高二就要进行考试，如果高一没选好，高二就很难去参加等级考试。另外，每人只能选择3门选考科目，因此，一旦确定好选考科目，就很难更改，这都要求同学们针对新高考的科目改革，进行合理的选科规划。

应该遵循以下三个方面原则。

首先是兴趣和实力，结合自己的兴趣和实力，选择自己最适合自己的3门选考科目。虽然有的学校由于师资有限，可能无法开齐所有的组合，但是，学校至少会提供五到六个选择组合，这给学生按照自己的兴趣选择适合科目留下了足够的空间。我们要利用好这一空间。另外，要考虑高考升学，选择自己最具竞争实力的学科。由于选考科目考试，是以百分位计等级，因此，主要要看学生这一科目的相对实力，来进行选择。当前的考试方案，我们既要考虑自己那门学科在所有参考考生中取得更靠前的排位，又要关注参加哪一次考试可以避开"高手"，把选考、选科变为博弈。我们还是从自己的学科兴趣和学科实力出发，不要去揣测其他学生选科的情况，如果无明显兴趣和实力上的差异，可参考本校学生的选择情况进行适当调整。

其次是高考政策，即学生要根据高考录取规则，进行选科和学习规划。具体来说，高校专业提出的科目要求有四种情况，一是科目不限，即任何学科组合都可以报考；二是3个科目的要求，只要满足一科即可；三是两个科目要求，也只需要满足一门即可；四是提出一个科目要求，考生必须选有这一门才能报考这一专业。因此，科目不限的要求最松，3个科目组要求次之，1个科目组要求最严，考生必须在3门中选有这一门才能报考。

这要求所有学生在选科的时候，就要有初步的升学规划。如果有的同学觉得自己还不清楚究竟要上哪所学校，也不知道要选哪个专业，就要参考上面我们给出的数据，考虑选科的覆盖度，比如说，选物理，可以满足多少学校、专业的要求；选化学，可以满足多少学校、专业的要求。如果同学们没有明确的专业选择，在选择学科时，为扩大今后的专业选择面，建议选择以下科目组合。一是文理搭配，两门文科科目加一门理科科目，或者两门理科科目加一门文科科目，二是如果在理科科目中，所有科目实力差不多，那可首选物理，在文科科目中，所有科目差不多，可首选历史。

再次是考虑长远发展。高考不是人生终点，是人生的另一个起点。千万不能认为只要考上大学，就实现了人生价值。因此，中学的学习是要为未来大学的学习，以及今后的事业、职业发展做准备的。在选科时，还要考虑上大学后的学业发展。比如说，一个学校的物理专业提出物理、化学、生物的要求，那一名学生选化学、地理、政治，由于满足一门化学，他可以报考物理专业，并被录取，但进大学之后，他能跟上物理专业的课程学习吗？这是必须思考的。近年来，因为跟不上大学学习要求而被退学的，不在个别。因此，在选科时，就要分析未来大学专业的课程要求。

除此之外，我们面临的社会环境已经变了，知识以我们无法想象的速度在增加和更新，我们若不想被淘汰，就必须不断学习、终身学习。而具备学习的愿望、兴趣和方法，比记住一些知识更为重要。"万校一书"的课程体系、"万人一面"的培养方式已经改变，学校还开设了很多能够促进我们全面、自主、有个性地发展的课程，这些课程该怎么选择呢？

下面我们举两个学校的例子来让大家对未来的课程有更详细的了解。

我们先来看一下安徽省合肥市第八中学的课程。合肥八中将课程分为基础性课程、拓展性课程、研究性课程、实践活动课程四大版块。所谓基础课程就是我们原来正常上的语、数、外、理、化、生、政、史、地等，不过以后有些科目将分为难度不同的几个等级，以适应学生不同的需求。比如高中数学由易到难分为1至5等，最易的数学1适合今后大学里读文科专业的学生选修，数学2、3是针对高考理科的课程，数学4是竞赛班的课程，最难的数学5，是大学先修课。拓展性课程分为限定性拓展课程和非限定性拓展课程。限定性拓展课程为了超越课本，提升水平，比如语文学科可能会有《红楼梦》的专题讲座课程、唐诗宋词的专门课程。非限定性拓展课程为了满足我们的学习兴趣，根据不同同学的个性培养特长，为终身发展打好基础，比如烹饪、金融、高尔夫、书画、音乐、机器人、模拟驾驶等门类的课程。除了这些，学生还需要选择参加不同的综合实践课，比如社团活动、生涯规划课和非常大讲堂等，而且这些课程学校都将纳入学分管理，学生在升入高三之前必须修满相应的学分。

图　合肥八中学生在上高尔夫课

我们看看北京十一中学的课程：

北京十一学校通过对国家课程、地方课程的校本化，构建了一套分层、分类、综合、特需的课程体系，创立265门学科课程、30门综合实践课程、75个职业考察课程、272个社团、60个学生管理岗位，供学生选择。在这些课程中，除了少数的必修课外，其余大部分是选修课程，所有课程排入每周35课时的正式课表，学生不仅可以选择课程，还可以选择上课时段，真正做到自主选择，一人一张课程表。学科课程，包括语言与文学、数学、人文与社会、商学与经济学、综合实践等9个领域。职业考察课程，涵盖金融、经济、信息技术、法律、医疗等门类。

以周二上午为例。第一节课，赵天啸在413教室上自习课，饶硕平在119教室上化学Ⅲ级课程；第二节课，赵天啸在405教室上高中语文基础课，饶硕平则在419教室上数学Ⅲ级课程；第三节课，赵天啸在417教室上数学Ⅴ级课程，饶硕平在404教室上高中语文基础课；第四节课，赵天啸选择在307教室上物理Ⅲ级课程，饶硕平则在318教室上物理Ⅱ级课程；第五节课，赵天啸上的是网球课，饶硕平则上羽毛球课。

在北京十一学校，全校有4 174名学生，就有4 174张不同的课程表。学生们采取“走班上课”制，每个人都按照自己所选择的课程安排一天的“行程”。

摘自“北京十一中学网站”

我们常说，选择是人的主要痛苦源之一。面对如此丰富的课程，我们该如何选才不痛苦呢？其实只要我们定出一些基本原则，按原则选就会变得相对轻松。前面第一部分我们讲关注自己的性格、能力，第二部分我们讲关注大学及专业：这两个方面都是我们选课时重要的参考因素。除此之外，我们可以定几条具体原则；当然，如果大家有自己的想法还可以作点补充——原则也是可以“私人定制”的。

选课的12字原则：兴趣第一、找到强项、难易适中

不夸张地说，人一生的幸福甚至尊严都和兴趣有关。如果我们能一直做我们感兴趣的事，这一辈子不管是穷或富，也不管是有名还是无名，我们都是活得最幸福最有尊严的。诺贝尔奖获得者科比尔卡说：“我始终对我所从事的研究充满兴趣，真正的科研离不开坚持和兴趣。”

我们来看一个故事。

她从哈佛大学经济及数学系以优异的成绩毕业后，进了咨询顾问公司观察者集团工作。两年后，她工作起来已经得心应手，很受老板赏识，也深受客户欢迎，但她却并不能从这份高薪工作中获得快乐。

紧张工作之余，她常常回忆起少年时去朋友家玩的情景。那时，她十二三岁的样子，去一位同学家，那位同学家的电视机里正播放着一档教授做甜点的节目。面点师表情夸张，语言风趣，一块面团在他的手中三揉两搓，便如魔术师一般变出一个造型别致的糕点。她们看得兴致盎然，不时地对着电视画面惊呼。于是，她们从超市买来原料，依葫芦画瓢地操作起来。很显然她没有面点师的娴熟，但是她们却获得了前所未有的快乐。从此她对做面点乐此不疲，一放学，便迅速溜回家，常常赶在父母下班之前，做上一块面点，有时也会别出心裁，搞些花样，她从父母赞赏的眼神里感受到了莫大的鼓舞和支持。这件事一直到她去哈佛读书才结束。

在她工作的波士顿有一家著名的糕点烘焙店，每次去那个店，她都会点上一份糕点久久逗留。看到端上来的那一份份别致的面点，她都会情不自禁地“哦”一声。她的行为引起了店里做面点的大厨的注意。他们有了第一次交谈，她告诉他，她虽然在一家咨询公司上班，但对做面点特别感兴趣，那曾

是她最美妙的时间。那位年轻的面点师饶有兴趣地看着她谈起面点时眉飞色舞的神态，于是邀请她走进了操作间。

进了操作间，她像鱼儿到了水里，鸟儿飞到了树林，她熟悉做面点的每一个程序每一个细节，在案板面前，她眼睛发亮，两腮因为激动而变得更加红润。那位大厨成了她的下手，帮她递这送那。不一会儿工夫，她的面点做出来了。大厨惊呼着："这不是面点，这是艺术！这简直就是艺术！"以后，她和这位大厨成了最好的朋友，一有空闲，她便来这里体验和大厨一起创作糕饼的快乐。

她也萌生了开一家糕饼店的想法。于是她说服父母，获得父母的理解后，她辞去了那份高薪工作，准备给自己一年的时间，尝试专业烹饪这条路。她在波士顿南端的华盛顿街上找了一个合适的店面。

工作非常辛苦，她得从凌晨四点一直工作到午夜，一周六天，但她却干得非常起劲。她做出的糕饼、甜点大受欢迎，店里每天都人满为患，尤其是她制作的"黏面包"，几乎一时成了店里的招牌，许多客人赶早排队来品尝，如果迟到了就会深感遗憾。有一位客人从佛罗里达州飞到波士顿，一下飞机便直奔这家面包店，吃了她做的黏面包后，便力邀她去佛罗里达州开一家分店。

她就是在美国有着"巧克力饼干女孩"之称的华人张柔安。现在，她不但连开三家"面粉烘焙店"，还出版了《面粉：波士顿面粉烘焙店的壮观食谱》一书，张柔安在她的书里写道：中国有句古话，三百六十行，行行出状元，但是人的热情、兴趣才是打开状元之门的金钥匙。

摘自中国新闻网 2011. 3. 1

这个故事告诉我们，无论是学习，还是以后从事职业，我们都应当把兴趣放在首位。在选课时，我们一定不要赶时髦，遵从自己的兴趣，没有最好，只有最适合。兴趣可以使人集中注意，产生愉快紧张的心理状态。而当我们在专心致志地、积极地从事某种活动，并且忘记了时空和自己的时候，是我们感到最为愉快和满足的时候。选课时，不功利、不盲从，认真发现并培养我们的兴趣，选择适合自己的课程。确定之后就不要患得患失，而要坚定兴趣，在对兴趣的坚持中学会理性判断自己所做的一切。一个能够把兴趣坚持到底的人，他的人生就是有意义的。

除了兴趣和文理兼修外，在选课中我们还要找出自己的强项，进行最多的投入，突出重点。我们来认识两位同学，看他们在选课方面是怎样选择的。

第一位同学叫陈泽，他小时候就看了很多电影，对电影知识比一般同学知道得多，而且有很多奇思妙想。在选课时他选择了"影视编导与设计"课，同学们称其为"拍电影"。学校没有了原来的音乐、美术课，开设了以戏剧为主的综合艺术课程。非常喜欢电影的陈泽毫不犹豫地投入了这门课中，并作为自己每周投入最多的一门选修课。导演、摄像、编剧、美工、演员、剪辑等各个工种，他每件事都认真对待，常在第二天上课前准备到半夜，通过一个学期的轮换，分工合作，他所在的"剧组"在他的带领下完成了剧本编写、实际拍摄、后期处理、宣传放映的各个环节。陈泽感到非常有成就感，他一点不觉得

"耽误"了时间,对自己的其他科的学习产生一些影响他也觉得是很值得的。他觉得自己以后就适合从事这一类的工作,他已经决定报考这一类的大学。他说:"这带给我很多挑战,也带给我很多欢乐,这是生命成长的渴望。"

还有一位同学叫刘涛,他不仅物理学得津津有味,还参加竞赛,获奖无数,最近还刚刚荣获了全国中学生物理竞赛决赛一等奖,顺利进入全国集训队,参加国际奥林匹克物理竞赛的选拔培训,已提前被北京大学录取。

刘涛说:"小时候,就喜欢拆些电器,家里的电子计算器就被我拆了不下 5 个,到同学家玩时,我还是对计算器比较感兴趣,也曾歪打正着地修好了一个,现在想想,应该是普通的电路接触不良。"

他不顾家人的反对毅然选择了物理 4 课程,这是学校物理分级课程中竞赛方向的课程。在有些同学心目中竞赛是枯燥的,是辛苦的。但因为是自己的强项,刘涛有自己的想法,他曾为了一道题目想了几天几夜,最后在洗澡的时候突发奇想,找到了解题思路。他认为在高中学习中,要是没有一门自己的强项,整个学习生活会"没有味道",在自己的强项上,"碰到复杂的题目,只要坚持,就会有灵感"。

高中选课,我们一定要首选我们的强项,它不仅会支撑我们的学习自信,更重要的是更有可能让我们在某方面有所成就。

课程的丰富多彩还可能给我们带来的困惑就是什么都想选,这时一定要恰当取舍,不能贪多,不能贪难。因为我们的精力是有限的,要优中选精,"取一瓢饮",让自己不仅学得有趣,还要有效,让自己好好享受高中课程的美味大餐。

学校第一次选课,张小明所有文化课都选最难的级别,结果课听得吃力,作业完成不了。一学期下来,用他自己的话说搞得"鼻青脸肿"、"焦头烂额"。第二学期,他就理性了很多,按自己能力来选,有些"好课"因为不适合他被他果断地放弃。现在他就轻松多了,也重新找回了自信。

如果你有出国上学的想法,你可以先上网了解 AP 课程,AP 可是目前为止美国最大的高等教育远程在线服务商,也是美国唯一一家提供全球服务的实体机构。已帮助 40 多所美国公立高校建立了虚拟大学。AP 成立了 API 后迅速向全球扩展,目前其业务范围已遍及美洲、欧洲、非洲及亚洲等地,并正为全球 10 万多在校生提供优质的在线课程。如果你想到美国学习,可以先上网了解他们的相关课程,看看自己是否适合。

心里有了明确的原则,选起课来就轻松很多,我们就可以为自己定制一份精美、营养的个人菜单——个性课表。

附录 1:

SSAT 考试,简单地说参加 SSAT 考试是我们进入美国中学就读必经途径,进入了美国的中学后就可以在那里参加美国高考,被美国大学录取。

SSAT 考试分为两个级别：Lower Level（低年级）和 Upper Level（高年级）。Lower Level 一般是针对 5—7 年级的在读学生；Upper Level 一般是针对 8—11 年级的在读学生。考 Upper Level 的中国学生占绝大多数。高年级分数区间为 1 500—2 400。就高年级来说，即使整张卷子完全不写也会有 1 500 分，所以一般来说需要考到 2 000 分以上才具有竞争力。另外一方面，每次考试还会给出单项的百分比成绩（percentile），这个成绩是将考生这项的成绩和过去三年全国和你位于同一年级的人的成绩进行比对所得出的，在申请出具有更强的指示性。比如如果一个考生 verbal（词汇）的百分比是 90%，也就是说这个考生的成绩比过去三年内 90%的考生成绩都要好。

SSAT 考试共分为四个部分：词汇、阅读、数学和写作。前三个部分为计分项目，写作部分虽然不计分但是会在寄送官方成绩给学校时以复印件一并送达，所以也需要重视。考试的时间和题目数目可以用下表表示：

部分	时间×数量题	目数量
Writing Sample　写作	25 分钟×1	1 篇作文
Quantitative　数学	30 分钟×2	25×2
Verbal　词汇	30 分钟×1	60
Reading Comprehension　阅读	40 分钟×1	40
Total　加总	155 分钟	150+1

如果对此感兴趣可以上网查一些更详细的资料，查完后思考：如果我准备参加 SSAT 考试，我会怎样规划我的三年学习生活呢？

附录 2：适合专业（职业）测试题

根据自己的实际情况对以下 100 道题作出回答，对题中所讲的非常喜欢的记 2 分，比较喜欢的记 1 分，无所谓喜欢不喜欢的或吃不准的记 0 分，比较不喜欢的记 −1 分，讨厌的记 −2 分，把每题的得分记到下表中题号旁边，然后每一横行的得分相加，得分最多的就是我们最适合、最喜欢的专业和工作。有了这方面的统计结果，我们就能比较客观地认识自己了。

序号	项目	讨论（−2）	比较不喜欢（−1）	无所谓（0）	比较喜欢（1）	非常喜欢（2）
1	上物理课。					
2	上数学课。					

续　表

序号	项目	讨论（−2）	比较不喜欢（−1）	无所谓（0）	比较喜欢（1）	非常喜欢（2）
3	上化学课。					
4	对饲养动物的知识介绍感兴趣。					
5	想读一读有关介绍医生生活和工作的文章。					
6	喜欢阅读天文学方面的书，喜欢与别人一起谈论天文学方面的知识。					
7	喜欢看世界文学名著。					
8	爱看报纸、杂志，经常收听新闻广播。					
9	上历史课。					
10	阅读关于世界各国文化、经济发展情况的书籍。					
11	经常观看艺术展览或参加音乐会。					
12	对公安方面的文章感兴趣。					
13	看农作物和养殖方面的读物。					
14	想了解一些海员、飞行员和空姐生活工作的情况。					
15	想了解建筑师的工作情况。					
16	对自己学习、生活和工作的环境作出评价。					
17	喜欢看模范教师的事迹报道。					
18	对自行车的制造和加工有兴趣。					
19	想知道彩电的工作原理。					
20	对机床构造和工作性能感兴趣。					
21	关心物理学方面的新发现。					
22	到处寻找数学方面的科普读物和近来的论文。					
23	特别关心近来化学方面的新成就。					
24	喜欢用动物做生物学实验。					
25	想了解疾病的起因、治疗和护理知识。					
26	对介绍外星球的广播、电视节目感兴趣。					

续 表

序号	项目	讨论（-2）	比较不喜欢（-1）	无所谓（0）	比较喜欢（1）	非常喜欢（2）
27	想看有关文学评论的文章。					
28	对国际、国内大事很关心，经常谈论这些事。					
29	读历史方面的书籍。					
30	想知道地理方面的新发现。					
31	轻音乐和交响乐是我喜欢的。					
32	当老师不在时，能主动维持班里的学习和生活正常秩序。					
33	经常观察花草木和各种庄稼。					
34	对铁路运输方面的情况很有兴趣。					
35	了解建筑部门的新成就。					
36	做有关社会服务方面的笔记、卡片和报刊文章剪贴。					
37	乐意与同学讲解难题。					
38	对生产生活必需品的工厂感兴趣。					
39	看无线电技术方面的科普文章。					
40	善于使用钉子、扳手、钢锯、钳子等工具。					
41	常常做一些物理方面的试验。					
42	爱解复杂的数学题。					
43	爱上化学实验课。					
44	经常观察动、植物的生长变化。					
45	想学会包扎和抢救伤员。					
46	非常羡慕那些能说出每一颗星座的名称和位置的人。					
47	喜欢写些诗歌和故事。					
48	观察别人的行为和生活情况，热衷于学校和班里的黑板报工作。					
49	参加或想参加学校历史小组，经常收集有关历史事件的资料。					
50	对大自然和自己故乡的地理环境感兴趣。					

续 表

序号	项目	讨论 （−2）	比较不喜欢 （−1）	无所谓 （0）	比较喜欢 （1）	非常喜欢 （2）
51	朗诵诗、唱歌，很想参加学校文工团或演出小组。					
52	对犯罪、家庭纠纷等报道感兴趣。					
53	养鸡，养兔，种小片庄稼，并精心照料它们。					
54	爱驾驶摩托车和汽车。					
55	参观建筑物。					
56	集体活动时愿意为大家安排吃饭、休息。					
57	愿意给小孩子讲故事、读书。					
58	对家里使用的电扇、洗衣机等的质量、性能比较了解。					
59	能修理收音机、电视机或简单的电子仪器。					
60	喜欢制造各种零件、修理自行车。					
61	积极地参加物理小组。					
62	很想参加数学小组。					
63	设法在家里搞些化学实验。					
64	积极报名参加生物小组。					
65	很想在猴子、狗等动物身上做些医学实验。					
66	很想参观天文台和天文馆。					
67	善于查阅字典、辞典和文学资料索引。					
68	善于迅速把注意力从一件事转到另一件事上去，并把每件事的原委弄得清清楚楚。					
69	特别喜爱历史题材的电影和电视。					
70	喜欢野外地理考察活动。					
71	喜欢舞蹈、雕塑等造型艺术，也希望能演奏乐曲。					
72	愿意协助公安部门办理案件。					

续 表

序号	项目	讨论（−2）	比较不喜欢（−1）	无所谓（0）	比较喜欢（1）	非常喜欢（2）
73	能说出常见农作物的生长期和护理常识。					
74	向往当海员和列车员。					
75	崇拜建筑设计师的工作。					
76	乐于在亲朋好友外出购买东西时提供良好的顾问。					
77	对少先队辅导员工作感兴趣。					
78	对生产手表、缝纫机和电视机的工人以及纺织工作十分羡慕。					
79	设计和安装收音机、扬声器、无线电仪器是我爱好的活动。					
80	愿意参加集体劳动。					
81	经常参加物理竞赛。					
82	宁愿先解出这道数学难题再去就餐。					
83	化学题越难越有趣。					
84	做些动物小实验。					
85	对人体各器官的功能和发病原理很感兴趣。					
86	对国外发射的人造天体发送回来的信息很感兴趣。					
87	喜欢大量收集词汇，校正别人读音的错误。					
88	常给学校黑板报、单位小报写稿，乐于为他们提供可行建议。					
89	游览古迹时，常仔细研究那些遗留的碑刻、诗词和石雕。					
90	能准确说明地球的经纬度对时差的影响。					
91	常常研究艺术理论，查看这方面的书籍。					
92	想象自己作为律师时的能言善辩和法律的威严。					
93	想学开拖拉机，操纵农业机械。					

续 表

序号	项目	讨论（－2）	比较不喜欢（－1）	无所谓（0）	比较喜欢（1）	非常喜欢（2）
94	长途汽车司机的生活一定充满欢乐。					
95	能熟练地阅读技术图纸和图表。					
96	愿意并善于同各种性格的人交往。					
97	喜欢同小孩子一起，愿意教他们知识，以自己的生活意识引导他们。					
98	轻工业品展览会很感兴趣。					
99	会使用精密的电子仪器进行测量和计算。					
100	乐于学习新的机器设备操作方法。					

算分吧

根据表格中按上表的序号统计自己的各科得分。

序号	各项得分					科目得分
物理	1	21	41	61	81	我的科目得分
数学	2	22	42	62	82	我的科目得分
化学	3	23	43	63	83	我的科目得分
生物学	4	24	44	64	84	我的科目得分
医学	5	25	45	65	85	我的科目得分
天文学	6	26	46	66	86	我的科目得分
文学	7	27	47	67	87	我的科目得分
新闻	8	28	48	68	88	我的科目得分

续 表

序号	各项得分					科目得分
历史	9	29	49	69	89	我的科目得分
地理	10	30	50	70	90	我的科目得分
艺术	11	31	51	71	91	我的科目得分
法律	12	32	52	72	92	我的科目得分
农业	13	33	53	73	93	我的科目得分
交通运输	14	34	54	74	94	我的科目得分
建筑	15	35	55	75	95	我的科目得分
服务行业	16	36	56	76	96	我的科目得分
教育	17	37	57	77	97	我的科目得分
轻工业	18	38	58	78	98	我的科目得分
电子技术	19	39	59	79	99	我的科目得分
产业工人	20	40	60	80	100	我的科目得分

（编写：刘从良）

第十节　自主招生

案例

考生自述（一）

自主招生对于大多高三学生是一个看起来很高端大气的词，其实大家不要对自主招生抱有畏惧心理，认为只有"学霸"、"大神"才可能顺利通过。对于综合素质较好或学有专长的同学，自主招生是一次很好的机会。

起初，我高估了自主招生的难度，差一点都放弃了自招机会。最后我是抱着试试看的心态，没想到过五关斩六将一直冲到了胜利，幸运地拿到复旦大学的降分资格。

自主招生试题灵活性强、跨越维度大，与平时考试有很大不同，并不一定是成绩越好的同学越适合考自招。高三学习紧张，切忌让准备自招大量占据准备高考的时间。例如2016年北大笔试的客观题难度不算太大，只需基础扎实，热爱读书和思考，知识面广博，且关注生活热点，即可拿下可观的分数。自主招生考的是生活，所以不必刻意准备，我们需要做一个有心人，平常多关注国内外新闻和社会热点事件，那么应对清华自招试题中关于"引力波"、"友谊的小船说翻就翻"等题目就绰绰有余了。

步入自招考场，请放平心态。将自招当成一次长见识的机会去练练手，不要想卷子会有多难，也不要想另辟蹊径夺得老师的青睐，只要按部就班将基础题做对就很好了。面试时也应大方自然，将自己最真实的一面展现给评委。

最后，我建议有能力的同学不要因为学习紧张就轻易放弃自招，应该积极参加并选择适合自己的学校，也许这就是你高考的"救命稻草"。就算自招降分最后没有用上，它对于我们高考心态的调整都有良好的作用，大家应该勇于尝试，展现出最好的自我！

考生自述(二)

我就读的高中是省示范重点高中，每年都有同学凭实力考上北大、清华等一流名校，也有部分同学通过自主招生实现了北大清华梦。我的年级综合排名大约10名左右，虽然我也渴望进入北大清华名校，但我更清楚我的实力。当高校自主招生简章出来后，我把目光瞄准了香港中文大学。我按照招生简章的要求报名，并顺利通过了初审，并在最终的笔试和面试中胜出，获得了政策优势——只要我的排名在全省两百一十以内，即可被录取。当年的高考，我的成绩加上自招政策优势，使我顺利进入了香港中文大学！

认知

第一个案例中的考生，起初差一点放弃了自主招生，最后是抱着"试试看"的心态参加自主招生的，并幸运地拿到了复旦大学的自招降分资格。从他成功的经验来看，一定要相信自己，积极参加，但也无须刻意准备。对待笔试，平时需要积累，积极关注国内外新闻和社会热点事件，关注生活。对待面试，不必紧张，真实展现自我就好。

第二个案例中的考生很理性，她对自己的定位准确，清楚知道自己的水平，没有一门心思盯着北大清华，她将自主招生目光投向了更适合自己实力的香港中文大学。从最后的结果来看，她的决策是明智的。

案例中的两位考生都取得了自主招生的成功，大家从中获得了哪些有益启示呢？自主招生的今生前世是什么？是不是每一位考生都适合走自主招生的道路呢？

一、自主招生概况

我国的高等院校自主招生改革，始于2003年，起初仅有二十几所高校拿出院校总招生计划的百分之五名额，进行自主招生。经过十余年的发展，全国已有一百多所高校实行自主招生。自主招生如今已经成为高等院校考试招生制度的重要组成部分，它是中国高校录取制度改革的重要组成部分。自主招生是考生们进入高校的一种重要方式，它的出台和发展体现了我国高校招生录取制度逐渐多元化，其有利于高校选拔创新型人才。

高校对自主招生的对象有何要求呢？2012年的《关于进一步深化高校自主招生选拔录取改革试点工作的指导意见》文件中有明确而具体的规定，即"招收的主要对象是具有学科特长和创新潜质的优秀学生，试点高校的自主选拔录取计划不超过本校年度本科招生计划总数的5%，纳入本校年度招生计划中"。具体来说，高校自主招生的对象一般要求在某些方面具备相应的综合能力和学科特长。比如拥有写作特长、信息技术特长、科技创新特长、体育特长、学科竞赛特长等。一般来说，具备下列素养的考生比较容易受到高校自主招生的青睐，也易通过高校的自主招生，其一，参加学科竞赛并获奖，如各类理工科的学科竞赛；其二，在实践发明或科技创新等方面成绩突出；其三，高中阶段，文理科学习成绩优秀，知识面广，视野开阔。

考生应该如何进行自主招生报名呢？高校的自主招生报名原则一般分为下列两种，一是校荐报名，二是自荐报名。每年参加自主招生的高校都会给相关高中学校部分自主招生的考试名额。一般来讲，高中学校会按照学生的学习成绩和学科竞赛来排名，然后依据排名的高低进行自主招生名额分配。也就是说，考生的在校综合成绩排名越好，获得自主招生的校荐机会就越大。校荐机会不是人人都能获得的，更常用的报名形式为学生自荐。自荐即考生自己推荐自己参加高校的自主招生。首先，考生应该根据高校网站上的自主招生简章，明确自己是否具备报名资格，是否适合报名，然后考生自主下载报名表格，如实填写相应信息，书写自荐信，并请相关老师或班主任书写评语及证明材料。

考生的校荐报名和自荐报名是否有区别呢？校荐报名和自荐报名的区别仅存在于高校的初审环节。初审时，高校对校荐考生实行通过性审核，即所有校荐的考生均能通过高校自主招生的初审。对于自荐考生，高校按照择优选拔的原则，实行部分通过性审核，大约有一半以上的自荐考生是通不过初审的。一般而言，考生成绩优秀，学校排名靠前，综合素质高，拥有相关学科竞赛奖项或获得省市级优秀学生或班干荣誉称号的考生，极易通过自荐初审。只要通过初审，校荐考生和自荐考生将无任何差别，他们都将在同一起跑线上迎接高校的笔试和面试考核。

初审过后，考生们将迎来高校或高校联盟组织的笔试和面试考核。各个高校或高校联盟笔试的科目不同，笔试和面试成绩比重也不尽相同。比如北约联盟的理工科类专业考核科目为自然科学基础（数学、物理两科，每科 100 分），文史类专业考核科目为人文科学基础（语文、数学两科，每科 100 分）；华约联盟的考试科目为 2 门，其一为《数学与逻辑》，这是所有考生的必考科目；其二为《物理探究》或《阅读与表达》，考生可从中任选一门。一旦考生通过高校或高校联盟的笔试后，就会获得相应的面试机会。如果考生再通过高校组织的面试，那么将获得相应的自主招生加分政策。获得加分的考生，仍需要参加高校招生全国统一考试，并根据所在省级招办及有关高校的要求填报志愿。省级招办应单设自主选拔录取考生的志愿表或志愿栏，一般参加自主招生的高校都要求入选考生必须第一志愿填报该校，实行平行志愿的省份，须填报该校为平行志愿第一顺序。如果考生在志愿表上没填报该校，或者没将该校放在第一志愿填报，那么考生将不享有该校的自主招生加分政策。

资料 1：自主招生流程介绍

（1）自主招生院校的招生简章发布。每年的 3 月份大部分高校的自主招生简章会陆续发布，考生和家长可以到高校的官方网站上进行查询和下载。

（2）考生递交推荐材料。符合自主选拔录取条件的优秀高中毕业生，经所在中学推荐或自荐的方式提出申请，并按时向相关高校递交材料。校荐考生的资料由学校寄出，自荐考生的资料需要自己邮寄。

（3）高校的材料审核。自主招生的高校会组织材料审核专家小组，按照招生简章里确定的标准和考核办法，对考生材料进行审查和筛选，并最终确定初审通过考生名单。

（4）考生参加笔试和面试。高校的自主招生笔试和面试时间一般为高考后，出分前。某些高校或高校联盟之间存在竞争，因此它们的笔试可能为同一天，考生只能二选一。另外，各高校或联盟会再根据考生的笔试情况，确定考生的面试名单。面试地点和形式均由高校自行决定。

（5）高校加分通知。笔试和面试考核通过的入选考生名单须及时报生源所在省级招办备案，并在考生所在中学、自主招生学校网站以及生源所在省级招办指定的信息发布平台或新闻媒体上公布考生的自主招生加分情况。

（6）录取和面向社会公布。高考出分后，考生填报志愿，省级招办向考生选报的自主招生学校投档。自主招生学校对先期考核通过并且符合统考成绩要求的考生，进行综合评价，自主选拔录取。自主招生学校录取工作结束后，生源所在省级招办应将自主招生学校自主选拔录取的考生通过本省级招办信息平台和有关新闻媒体向社会公布，自主招生的高校需及时将自主选拔录取的考生名单在本校网站上公布。

认知

自主招生是高等院校选拔拔尖创新型人才的一种重要手段，它对考生素质要求高，并不是所有同学都适合参加自主招生，它并不是高考的捷径。考生要想通过自主招生被高校录取，需要“过五关斩六将”。首先，自主招生院校会对考生的申请材料进行审核，并择优选取最符合条件的考生进入笔试环节。如果考生的材料过不了初审，就将失去自主招生资格，将没有笔试和面试机会。其次，高校的自主招生测试一般分为笔试和面试。考生只有先通过笔试，再通过面试，并获得高校认定及公示后，才能获得自主招生加分政策。最后，即便考生获得高校自主招生加分政策，也不意味着考生一定能进入自己心仪的大学。因为考生的是否被录取，最终还要看考生的高考成绩。有加分，而无相应的高考成绩，是不能被录取的。

二、 正确撰写自荐信

校荐报名的考生一般不需要书写自荐信，但对广大自荐考生来说，自荐信是必不可少的，且一封漂亮的自荐往往会为自己增色不少。当然自主招生院校，也希望通过考生们的自荐信直观详细地了解考生，希望报考考生能给校方一个充分的理由——是什么原因促使你报考我校呢？从而掌握考生的报名动机和整体情况。高校会依据自荐信并结合其他材料，最终确定初审通过名单。可见自荐信对考生来说就是把自己准确全面地介绍给高校，并打动高校，为自己的初审通过奠定基础。自荐信应该用事实和成绩恰如其分地介绍自己，介绍自己特长爱好、理想追求等。一封好的自荐信应该是个性化的、简洁的、引人入胜的。一份个性鲜明的自荐信就是一块通过高校初审的“敲门砖”。

一般而言，高校对自荐信的书写都有些要求，比如篇幅不宜过长，字数在800—1 500之间，再比如部分高校要求考生本人手写等。

认知

书写自荐信的注意事项

1. 真实：真实是个人陈述最基本的要求，无论是获奖情况还是个人喜好，都贵在真实，夸大其词，有可能为自己下一阶段的面试埋下隐患。客观而真实地介绍自己，是考生诚信的有力注脚。

2. 活力和特色：有活力，有梦想，视野开阔，性格张扬，在审核材料时，高校的专家们应该希望看到时代赋予考生们这些青春活力的内涵，希望看到一个个既有活力又特色鲜明的考生形象。

3. 针对性：了解申请院校的文化内涵和性格特点，越好的高校越注重考生的秉性与学校文化氛围的匹配。你为什么要报考这所院校？这是值得思考的问题。

4. 篇幅适中：一般不宜超过2页。过于冗长，一方面，你可能存在表述思路不清晰、表达啰嗦重复问题，另一方面，也会增加高校老师审核材料的时间。这会降低你的印象分。

探究活动一

致理想大学一封信

活动建议：动笔之前，首先想想自己具备怎样的优点，比如：

1. 你在学习上有什么样的优势？

2. 你在学习以外的方面是否具有优势（如领导组织能力、社会活动经验等）？

3. 你对心仪的院校有怎样的了解？你为什么要报考该校？

4. 你认为你的优势中最能吸引评审老师的条件是什么？

资料2：中山大学自荐信示例

尊敬的中山大学招生办老师：

您好！

我叫××，是某市第八中学高三文科实验班的一名学生。中山大学是我的梦想，我希望通过自主招生让自己离中大的距离更近一点。非常感谢您于百忙之中审阅我的自荐书。

作为一名来自安徽的考生，我与贵校的渊源可谓深矣。高大的石砌牌楼上略显沧桑的“国立中山大学”，仿佛一扇历史之门带我回到那个民族兴亡与个人情怀融为一体的时代，我好像看到国父奔走呼号，只为中华民族之复兴；宽阔美丽的校园弥漫着书香，充溢着智慧。一年又一年，当我一次次来到中大，也许时间变迁，但“博学、审问、慎思、明辨、笃行”的校训已深深扎根在我的心中，立心天地、自强不息已成为我的人生信条。开放包容的广州是我的第二故乡，我只愿在盛夏，怀揣自信与喜悦踏入中大的校门，追逐未来的海阔天空。

梦想的发芽最重要的是自己的不断耕耘，儿时的中大梦也随着我年龄的增长不断地充实。梦想似乎不再遥远。

从小学到高中，我的成绩一直名列前茅，在一次又一次的选拔中留下，在激烈的竞争中胜出。两年前，我步入省重点高中的大门，在这个人才济济的地方，我从不畏惧。高二时以第一名的身份进入文科实验班，现在，我正在拼搏中不断充实，发展自己，为梦而行。但成绩并不是我的唯一，我性格开朗、兴趣广泛，积极参加各种社会活动并努力成为其中的核心。小学时，我曾作为少年先锋队代表参与合肥市少代会；高中时，我以面试第一名的身份荣获“市三好”称号，并且担任校学生会副主席一职，组织开展过小至校园篮球赛、卡拉 OK 大赛，大至在省政务中心开展的“光盘行动”和植物园宣传“中国梦”等活动。此外，我在八年小提琴的学习基础上自学了多门乐器，让自己的课余生活更加充实。

如果说成绩与荣誉只是暂时的，那么最令我自豪的还是我乐观向上的性格和永不言败的精神。我始终保持着自己的独特性，坚信没有我不能做成的事。在宽松的家庭氛围中，我得以保持充分的自由与独立。严母慈父的组合也让我学会严以律己，宽以待人。随着我的逐渐成长，我更加认识到一颗强烈的责任心和以天下为己任的家国情怀的重要。无论担任什么职务，我都会尽力诠释责任的内涵，无论学习多么紧张，我都会抽空了解天下大事。

坚持自己的独特，让我对自己的人生有着清晰的规划。高一时，我努力做到九门课均衡发展并保持在年级前列；高二时，我听任内心选择文科并在学生会事务中发光发热；高三时，我摆正心态，迎接挑战，永不放弃对“中大梦”的追求。若有幸进入中大，我会主修新闻传播并积极参与社会公益活动，为美丽的中大建设添上自己的力量。

站在人生的交叉口，我对未来充满憧憬。希望中大选择我，给我一次实现梦想的机会，我会用实力告诉中大，你们的选择是正确的。希望我可以在 2014 盛放的夏季，行走在中大的校园中，耳边回响着“中华文化，源远流长，吾校矗立，蔚为国光……”

此致

敬礼

申请人：某某某

三、 自主招生笔试和面试

自主招生虽然已有十多年的实践，但是对于究竟怎样准备自主招生考试，高中同学面临自主招生时还是有很多疑问的。一般有两种不同的意见：其一，部分同学认为自主招生考核的是综合素质和综合能力，因此需要长远的准备和积累，不能一蹴而就。其二，部分同学认为，自主招生的面试和考试有迹可循，应该可以突击准备，做一些有针对性的训练和培训。因此有部分参加自主招生的同学，把面试和笔试的通过完全寄望于相关的辅导和集中培训。这样的自主招生“准备”，是正确的吗？它对最终获得自主招生成功有帮助吗？自主招生考试究竟能不能突击准备呢？这就需要细细分析和品味自主招生的笔试和面试考核内容了。

资料 3：2016 高校自主招生笔试面试考题汇总(部分)

(一) 清华大学自主招生笔试面试考题(部分)

“引力波”、“友谊的小船说翻就翻”等热点进入考题。考试科目为数学与逻辑、物理探究、阅读与表达，考生将根据报考的专业选择其中的两门参加测试。数学与逻辑和物理探究两个科目采用单选题、多选题混合编排的方式，用以区分不同水平的学生。阅读与表达科目，除了涉猎字音、字形等内容外，还考查传统文化知识以及宋词的格律等。文言文的阅读语料未经标点断句，还新增了分析推理题，考查学生综合语文能力。值得注意的是，物理探究非常注重理论联系实际。比如，人类首次探测到引力波，试题就通过介绍相关实验背景和结果，考查学生提取信息、加工信息并利用关键信息进行推理判断的能力。微信上前不久流行“友谊的小船说翻就翻”，试题就以此切入，探讨翻船后的一些现象。

(二) 北京大学自主招生笔试面试考题(部分)

考题均为客观题。北京大学自主招生语文面试题是举例自己最喜欢的三个英文翻译成中文的词，如电脑、可口可乐等，并说明理由；历史题是谈谈吴佩孚、段祺瑞等人为何被称为“北洋军阀”。除了自我介绍外，有的考生被问如何看待经济发展与文化之间的关系，还有的考生则和考官随性交流起了对高考、估分和专业选择的认识。语文阅读题是议论文，考了网络用语粗俗化现象，作文也与网络有关，是《我与网络》。政治题则考了公用地的悲剧。

(三) 中国人民大学自主招生笔试面试考题(部分)

人大的面试题与考生所报专业高度结合，如汉语言文学专业的考题是谈“初唐四杰”及其代表作，考古专业的考题是谈对四大文明古国的看法。

(四) 中山大学自主招生笔试面试考题(部分)

考核基本采用“小组面试”的方式进行，环节包括自我介绍、随机抽题、发表观点、讨论或辩论等。信息学奥林匹克竞赛获奖的 32 名考生进行了上机测试，根据机试成绩，专家组以“背靠背”方式划定入围分数线。面试多以开放性话题为主，譬如资源环境类中，设置了海洋资源利用、“一带一路”等问题，信息科学类中，通过希拉里的“邮件门”、华为的迷航、阿尔法狗等话题，对 IT 领域有兴趣的考生进行考察和判断。社会科学类中有“网约车”、“农村烧桔秆”等问题。

(五) 华中科技大学自主招生笔试面试考题(部分)

光电专业自招的考生上午笔试、下午面试外,其他专业的考生只需参加面试。面试时考生从装有专业相关试题的信封中随机抽取一个,准备 15 分钟左右的时间,具体作答时间为 15 分钟。据考生介绍,考官一般进行两个版块的提问,首先是对考生抽到的题目进行提问,然后根据考生上交的材料和自我介绍内容来进行提问。考生抽取的专业面试题大多比较灵活、贴近生活,与专业相关又不限于专业,药学考题比如"对于魏则西事件的看法",核工程专业考题比如"如何制造一张桌子",信息安全专业同学抽取考题比如"高中三年父母是否闹过矛盾,你如何看待这些矛盾"。

(六) 华中农业大学自主招生笔试面试考题(部分)

笔试内容全为单项选择题,共 80 道。华农的笔试集农科、时政、哲学、古代文化等多方面知识为一体进行考察,部分题目甚至用古文出题。考生小王回忆:"有一道题要我们根据屈原的诗句,推断其描写的是何种植物。虽然这句诗有些晦涩,但我平时酷爱古典文学,一眼就看出诗句出自《橘颂》,轻松答题。"另外,与农业相关的题目涵盖了绿色超级稻、三北防护林、二十四节气,甚至还有华农标志性成果。逻辑推理方面的题目着重在对图形和数字的规律寻找,以及对事件真假的推理,与公务员行测内容相似。部分面试题如下:

A. "如何看待 AlphaGo 与李世石人机大战的结果?"

B. "结合《疯狂动物城》票房蝉联冠军谈对中国电影发展环境的看法。"

C. "魏则西、郭美美,谁才是与自由和安全相关的人物?"

D. "下列哪句话出自习大大之口?"

(七) 中南财经政法大学自主招生笔试面试考题(部分)

题量较大,试卷分为三大部分,分别是综合知识、通用能力和综合素养,共计 165 道选择题,总分值为 300 分。考试的知识点涉及面广,包含了物理、地理、文学、生物、历史等多学科知识,并且非常注意对中国传统文化的考察。比如"八卦是传统文化核心,八个方位都有象征的自然事物,象征火的是什么"、"与传统节日'清明'有关的作品是哪部"。部分考题又比如:"好莱坞电影《终结者》中的反派机器人 T—1000 是由一种可以自由改变形态的'液态金属'制作的"、"常温下下列哪种物质可以通过改变电压等方式改变形态"。

(八) 中国地质大学自主招生笔试面试考题(部分)

考试形式为面试,主要分为三个环节:考生自我介绍、阐述有关报考专业的《专业兴趣研究报告》、回答评委提问。不同学院的面试各具特色,如外国语学院要求学生抽签并设立小组,现场抽取题目展开讨论并向评委汇报；自动化学院等部分考场需要考生准备一分钟的英语演讲或自我介绍。同时，所有来校面试的学生都必须在老师指导下独立完成一份与所报专业相关的《专业兴趣研究报告》。这份报告是评委提问、打分的重点。部分考生还被问及对专业前景的看法、大学生涯规划等具有超前性的问题。

（九）南京航空航天大学自主招生笔试面试考题（部分）

每个考场有三位考官，部分专业的考生要先作一个三分钟演讲，然后从五道题中抽取三题，再从中选取两道题作答。报考法学专业的无锡考生小姚，被要求就一个感兴趣的话题作三分钟演讲。她讲的是中国电影和文化创新。总的来说，南航今年的考题比较开放，“阿尔法狗大战李世石”、“互联网+”等社会热点话题入题。物理学专业考题比如物理对日常生活和现代文明发展的影响；用水桶测量重力加速度，如果水桶漏水，测量的重力加速度是否会受到影响；如何计算绕直径转动的球的动量；地球磁场的来源等。又比如谈及生活中的物理现象，向钢瓶里面充气，温度是否有变化；地球是带负电的，地球的磁场是怎么产生的；如何用光学知识测海水油污等。而在英语专业面试中，则全程用英语问答。据考生回忆，考题是一篇有关“懒惰”的文章。文章中提到：有时，懒惰会延误工作，但对有些人来说，表面上看起来的懒惰，其实有时是在思考，会带来意想不到的收获。例如牛顿的万有引力，就是看起来闲坐在苹果树下时发现的。“考官会就这篇文章提出问题，其实答案就在文章中。随后，考官还会就某句话，让我们谈谈是怎么理解的。”考生还会被问到一些生活中的问题，比如，“在比赛中，你认为什么素质最重要等”。

（十）中国海洋大学自主招生笔试面试考题（部分）

涉海类专业要求考生中文自我介绍后，抽签回答中文和英文题目各 1 道，然后接受专家随机提问。外语类专业则是严格的全英文面试，学生不需要做自我介绍，进场后根据抽到的文章朗读、翻译和作答，同时与专家进行随机交流。涉海类专业的考生反馈，他们有的抽到了“河流交汇处为什么易于形成大城市”、对“山不厌土，故能成其高；海不厌水，故能成其深”这句话怎么理解等中文题。至于英文题，大多数学生表示也有话可说。比如“影响你选择一所大学的因素有哪些”、“当代年轻人和上一辈人有没有不同”等。

（十一）华南理工大学自主招生笔试面试考题（部分）

不少理科生表示，100 道不定项选择题中，数学考题占比最大，近半数。物理、化学、生物则相对少。“有三四道数学题是用英语出题的，需要先翻译出来。”华附的一位余同学说，他感觉考题内容偏高考，“多是一模二模演化后的题目”。而对于文科生，其文科考题相对常规化，涉及经济、政治、法律、生活常识等多方面。比如有关于二十四节气的正确排序。

(十二) 哈尔滨工业大学自主招生笔试面试考题(部分)

1. “电磁波能量密度坡印延矢量磁力怎么表示?”

2. “一个人在沙漠里卖矿泉水,他有4 200瓶水,骆驼一次能驮1 050瓶水,需要走800公里路,每走1公里要消耗1瓶水,问最多能卖多少瓶水?”

3. 相关考点:动量粒子、常量默写、波动方程。

(十三) 东北大学自主招生笔试面试考题(部分)

一共130多道选择题,有100多道是单选,其他是多选,命题中包含物理、化学、数学、语文、生物等很多内容,能感觉到题目有考查逻辑和推理的倾向。有一道题是数出给出的图形中有几个三角形,有几个正方形,还有一道题是用12根火柴棍能摆出多少个大小相同的正方形,感觉很像小学奥数题。还有的考题与高考题目很像,其中三分之二与课本有关,三分之一与日常生活有关。此外,还有诸如“坐公交车什么情况下应该让座,您会选择什么时候让座?”“电池用过后应该怎样处理?”等考题。文史类面试时间在50多分钟,每7到10人为一组,一个考场一组考生有3名考官,考试题目用“文”字组词,每人组5个词,各自用2分钟时间阐述5个词之间的关系,之后小组讨论半小时选择出5个词和一名代表,用3分钟时间向考官阐述5个词之间的含义。很多考生都在面试中使用了“文化”、“文明”等词语。

(十四) 南京大学自主招生笔试面试考题(部分)

文综笔试:

1. 根据材料谈一谈文学创作和山水的关系。
2. 渔民在抓获鳗鱼时,常常会放入几条泥鳅,以“激活”鳗鱼。谈谈对这个故事的看法。
3. 对于历史上的“一带一路”,可以有哪些研究方法?
4. 严复主张“中体西用”,张之洞则认为“体”和“用”不可分。说出你的理解。

文科面试:

1. “文学”对你而言,是什么词性?
2. 回忆录能否作为历史研究的依据?
3. 是健全的大脑重要,还是满满的脑袋重要?

理科面试:

1. 肥皂和洗涤剂哪个更环保?
2. 科学家从南极打出一根冰柱,你将对这根冰柱进行怎样的研究?
3. 阿尔法狗和人大战,你觉得谁会赢?

4. 为什么海拔越高，气温越低？

5. 如果你是环保部长，你会怎么解决环境污染问题？

6. 试分析水资源短缺的形成机理。

（十五）西安交通大学自主招生笔试面试考题（部分）

西安交通大学笔试题是大学数学中对称与群的内容，还有一张创新设计的题目，考察了数学物理知识在生活中的应用。最后一题是写出计算机中排序算法的伪代码（除了选择排序法）。

资料4：往届自主招生面试题目集锦

（一）常规面试题

1. 请作自我介绍（一分钟或一句话）。
2. 你的综合能力体现在哪些方面？
3. 请谈一下你的特长或兴趣爱好。
4. 举例说明你的潜力。
5. 列举你获得过的奖项（或：你为什么没有得过奖）。
6. 请谈谈你对高考制度的看法，对自主招生政策的看法。
7. 为什么选择报考我校？如果被录取呢？
8. 你可以向我提一个问题（关于我校或自主招生或个人）。
9. 你希望在你所报考的专业有怎样的发展？你的兴趣与性格同你所选专业相匹配吗？
10. 你自己对人生的规划是怎样的？包括想要从事的行业和你追求的目标。

（二）生活常识题

1. 说出全国政协常委委员的名字。
2. 植树节是什么时候？
3. 江苏省省长是谁？
4. 河南省会在哪里？
5. 你属什么？比你大三岁的人属什么？

（三）主要考查考生对高校或专业的了解认知的试题

1. 清华校训"自强不息，厚德载物"出自何处？

2. 请说出清华四大国学名师及你对他们的了解。
3. 说说复旦大学校训的含义和出处。
4. 说出现任北大校长的名字。
5. 举出三个交通大学毕业的名人。
6. 你认为岳麓书院历史上最有影响的人物是哪位？
7. 为什么你填报的两个专业跨度较大？
8. 你选择从事生命科学类的工作，那你对未来职业设想如何？
9. 如果你被交大录取了，却进了一个比较不理想的专业，你怎么办？

（四）主要考查考生兴趣爱好的试题

1. 最喜欢的一本书或一个人物形象。
2. 你看过什么军事体裁的文学、影视作品？
3. 你最喜欢的报纸或杂志是什么？
4. 你是皇马球迷吗？
5. 喜欢《百家讲坛》的哪些教授？
6. 你经常利用寒暑假外出旅游吗？去过哪些地方？最喜欢哪里？
7. 平常最感兴趣的是哪一门科目？
8. 你喜欢的新闻类节目是什么？你喜欢的主持人是谁？
9. 你是否会下中国象棋、国际象棋、围棋、桥牌？
10. 你会去听周杰伦的演唱会还是去听柏林爱乐乐团的音乐会？

（五）根据考生兴趣爱好或关于考生所报专业的衍生性试题

1. 在20世纪，物理学研究领域有“两朵乌云”，指的是什么？
2. 请谈谈你对宇宙大爆炸和黑洞的认识。
3. 简述无罪推定和有罪推定。
4. 中国迟迟没有新闻立法，为什么？
5. 你想推动生命科学领域前进，你准备怎么推动？
6. 现在朝鲜的核问题比较热门，你能介绍核电站和核武器在原理上有什么区别吗？
7. 如果电脑不能上网怎么检查？如果电脑中毒如何查杀？
8. 你了解什么是经济？经济学家是做什么的？如何才能成为一名合格的经济学家？
9. 你是否阅读过金融方面的书籍？谈谈对工商管理、经济、金融的认识。

10. 你知道《南方都市报》是因为哪个事件而崛起的吗？你认为办好一份报纸最重要的是什么？

(六) 主要考查理科基础学科知识的试题

1. 数学题：圆锥面上任意两点有没有最短距离？如果有，最短距离是什么？在圆柱面上呢？

2. 数学题：1 个细菌在 1 分钟后分裂为 2 个，2 分钟后分裂成了 4 个，那么依次分裂 N 分钟后，细菌的个数应当是多少？

(七) 假设性题目

1. 如果你是校长，会如何激发学生的创新能力？
2. 描述你所希望的大学生活的一天。
3. 简述你理想中的宇宙。
4. 如果你是 20 世纪 40 年代的纳粹公民，会如何抵制当时罪恶的法律？
5. 如果你是上海市市长，如何解决上海的交通堵塞？
6. 你觉得作为一个团队的领袖，应具备哪些素质？

(八) 发散性提问

1. 在 1 分钟内列举这瓶水的用途。
2. 请列举钟有哪些用途？
3. 请为你眼前的这个闹钟估价。

(九) 特殊问题

1. 请说出你父母的生日。
2. 你对这次自主招生的看法是怎样的？
3. 世界上有没有直线？

认知

自主招生考试的笔试内容，范围不固定，一方面和生活热点、生活常识密切相关，一方面源于考生高中阶段所学各门课程，但又略高于高中课程内容，且考核方式比较灵活多变。与全国统一高考试题相比，难度更大(特别是理科科目)，更灵活多变，特别需要考生具有扎实的学习功底和灵活的解题思路，特别注重考查考生对基础知识点的运用，特别注重考生的知识积累和知识面的广度和深度。全国统一高考试题较多地考查学生的基础和常规知识点的掌握情况，而自主招生的考题类似于平时考试中的综合性和开放性试题，比较强调知识的运用能力。如果只会死记硬背，而不能活学活用，是很难获得笔试高分的。有学者说，它和美国的SAT考试类似，都强调学生的学业能力水平，而不是学生的学业知识水平。有的学生担心准备自主招生笔试会太浪费时间，进而影响正常的高考。这种担心有一定道理，一般而言，考生不必为自主招生的笔试而特意准备，因为其考查内容是不固定的，考查形式也灵活多样，短期内的突击准备，效果不能保证。

自主招生面试，顾名思义，就是大学老师与考生面对面的交流，通过交流考查考生的综合能力与素养。从参与人数看，面试分为个人面试与集体面试。个人面试是一个人对一个或多个面试官，集体面试则是多个人共同参加面试，也称小组面试。从面试方式看，可分为问答面试、话题面试、情景面试等。问答面试主要是一问一答，话题面试则是面试官和面试者围绕一个话题进行探讨，情景面试则是设置一个情景，让面试者在这个情景中完成一定的任务。从目前来看，大多数自主招生高校采取的面试形式为一个学生与一个教授或多个教授交流，然后由教授评分。

自主招生面试的内容特点如下。其一，面试将不再注重学科知识考查。学科知识的考查已经在自主招生笔试中进行，而且考生们也都向高校提供了各自的高中学习成绩，因此在自主招生面试中，考查学科知识的必要性就弱化了。高校将利用面试的机会，重点考核考生学习能力之外的推理能力、观察能力、沟通能力、协作能力和领导能力。其二，大多数自主招生的面试题目是开放式的，并没有统一的标准答案，因此对考生的能力要求较高。

所以说，针对自主招生面试，考生们没有必要过分准备——查往年的题目或者死背这些题目的答案，这样做的效果并不好。在自主招生面试中真实、自然地表现自己就是成功。当然，针对自主招生面试，考生们也不能完全“听天由命”，适当地进行常规性准备是必要的。

面试的常规准备

1. 对自主招生面试的形式进行“准备”。考生需要知道自己所报考院校面试的流程、形式和要求，只有这样才能有针对性地进行面试，做到知己知彼，而后胜之。

2. 对要参加自主招生考试的院校情况进行“准备”。考生需要清楚自己为什么选择该所高校，了解该校的办学宗旨和特点，了解该校的办学传统和校史，了解该校著名校友。

3. 对自己选择的专业进行“准备”。在自主招生中，每个考生要事先报考相应的专业，而在进行面试时是根据专业选择分在不同的专业组里。面试老师也会从专业的视角来考察考生是不是有专业兴趣以及专业发展潜能。如果考生有意识地了解相关大学的专业以及这些专业所对应的行业发展前景，并对自己今后从事什么样的职业有一定的规划，清楚地知道自己的专业兴趣与职业兴趣，那么在面试时回答老师的专业领域问题是相对容易的。

经验分享

中国传媒大学的考生经验分享

英语是我的个人特长，而中国传媒大学刚好有小语种自主选拔，而且周围同学选择报中国传媒大学的也比较多，我也就顺势参加了。中国传媒大学的自主选拔提供了三个志愿，我在第一志愿填报了法语，第二志愿填报了电视学院的编辑出版学，第三志愿空着没填。我的目的比较明确，就是希望通过小语种的自主招生，第二志愿纯属"怕空着浪费"的心态填的。

法语面试流程大致是，拿着资料到外语学院，然后志愿者就把我领去候场，有大概二、三十个学生在等候，随后十个人一组上楼准备。上楼后进到一个大会议室，有面试的文章，通读文章准备准备后，就进面试考场了。面试考场内有三个老师，有个很大很专业的摄像机正对着我。跟老师示意一下，老师就开始问问题了。先是自我介绍，然后让我读文章，问大意和感想。接着问了一些文史常识和时政，比如《变色龙》的作者，《父与子》的作者，南欧有哪三个半岛，安倍晋三的前任是谁……最后是法语语音模拟，老师读一句我读一句。然后和老师告别，起身离开。

编辑出版学面试类似，不过是全中文，还考查了对时事的解读和看法。

我面试小语种时很紧张，自我介绍说得磕磕巴巴不甚流畅。后来放开了表现得就好一些。而编辑出版学的面试安排在离开北京前，因为要赶火车的缘故，希望赶紧搞完走人，心态非常放松，后来发挥得比较出色，也算是无心插柳柳成荫。

我为面试的准备包括个人形象方面和面试内容两方面。就个人形象而言，我去面试前一个月基本靠光合作用生活，瘦了十来斤，让自己看起来比较精神（不具有普适性，我本身微胖）；面试的衣服选的是一件衬衫，还有黑色牛仔裤，有学生气同时略感正式。不必要西装革履，故作老成，毕竟是作为学生去面试，不是应聘工作。至于面试内容，因为不知道老师具体会问什么，所以就准备自我介绍就好，在脑子里想一想突发情况和老师会提怎样刁钻的问题。文史常识可以去网上搜一搜背一背，不过这个还是要平时多积累。

至于面试本身还是因人而异。我个人的一些基本原则如下：

1. 有礼貌。进门敲门，打个招呼，结束道谢，道别离开。

2. 真实诚实。展现真正的自己，不要忸怩作态。老师问啥说啥，知之为知之，不知为不知，不了解的东西就说不知道。

3. 语速适中。声音大一点让老师听到，但也别把老师当聋哑人。语速正常就好，我个人语速很快，面试也没放慢，也不知道老师到底听清没，大家引以为戒。

4. 双眼有神。不要游离在后面的墙上，要看着老师做眼神交流，说不定老师就会被你如炬的目光深深吸引啊！还可以适当打手势辅助你的回答，不习惯就别打了，说不定弄巧成拙。

5. 逻辑清晰。老师一个问题抛给你你可以稍微想个三四秒，不求回答精辟异常，但求条理清晰，层层深入，让老师能抓到你的思路，不要让他们云里雾里不知所云。

中山大学的考生经验分享

1. 平时多关注新闻热点的评论，并且不能只停留在了解的层面，要深入思考某事件出现的原因，注重提升自己的思维品质。

2. 积累所选专业的背景知识。考官可能问你关于你选择专业的原因以及相关专业知识，应提前准备。

3. 注意训练自己的语言组织能力和即兴问答能力，平时可以多与老师同学或父母探讨问题，培养语言的逻辑性。

4. 无论面试细则上有没有要求，都一定要准备一个自我介绍。最好简明扼要地说出自己的闪光点，让老师眼前一亮。

5. 展现最真实的自己，不要装腔作势，实事求是。评委老师都是各个领域的教授或权威人士，不要过于卖弄自己，特别是夸大甚至吹嘘自己的能力，评委的一个问题就能掂量出你是几斤几两。评委阅人无数，身边有才华的学生很多，你的过于自大可能会招致他们的反感。

6. 保持微笑，自信阳光，展示出自己的风采。面试时多说自己擅长的话题，大胆发表自己的见解。

7. 放轻松，无需紧张。评委老师都很和蔼可亲，他们也是求贤若渴。应当把与才识渊博的他们交流的过程当做开阔眼界、提升自己的机会。

8. 学会倾听。回答问题时应首先听清楚评委的问题，以免回答让人感觉不知所云。聆听别人的回答也很重要，可能你的下一个问题就是点评别人的发言或说明你对别人问题的看法。

9. 注意衣着仪表。穿着大方自然即可，不必正装出席甚至化妆。

10. 注重礼仪、言行。从你进入面试教室的那一刻起，你的一举一动都对你的面试分数产生影响。比如，问候老师、捡起地上的纸屑、临走将板凳归位这些很细节的举动都可以为你在无形中加分。

11. 言语幽默生动，不仅可以让自己放松也可以给评委留下良好的印象。

12. 团队合作既要展现自我，又不要太过出风头。学会与组员互动交流，并不是你一个人表现突出就会得高分。

13. 没有必要参加所谓面试培训班，既浪费时间又让自己丧失了真实的一面，考官需要的也不是戴着面具的人才。

14. 调节好情绪，强大自己的心理素质。面试中可能考官会追问你几个问题，有时可能尖锐严肃，此时一定不要紧张，这说明考官对你的观点有兴趣，你只要说出自己的真实想法即可。有些考官可能故意全盘否定你的看法，考验你是否能够坚持自我，并以此考察你的心理素质如何。

认知

面试注意事项

1. 按照面试要求着装。注意自己的形象，穿着要得体，穿着应该符合学生身份。

2. 知之为知之，不知为不知。诚实作答，切勿撒谎。

3. 注意肢体语言。太张扬、太凌乱都是心理不成熟的表现。

4. 注意目光交流。回答某位考官的问题时，目光应大多数时间停留在该位考官身上，这是自信和尊重别人的一种表现。

5. 不要过分紧张。把面试当成和朋友会面，一五一十地表达即可。

6. 言简意赅，不要夸夸其谈。特别在情境式考核中，注意说话的有效性，注意给别人发言的机会。

图　董一新同学在北京大学参加自主招生

探究活动二

模拟面试现场

2017 年人民大学自主招生现场

北京大学自主招生交流会

清华大学自主招生日

结语：自主招生是走向成功高考的一条重要道路，但不是唯一道路。对待自主招生，考生重在参与，并理性看待结果。自主招生对大多数考生来说是道坎儿，报考者多，通过人少。所以考生要以一颗平常心，理性地看待。如果你确有专长，是某方面的“偏才”、“怪才”，一定要敢于尝试，积极参与。

（编写：董田生）

第十一节 志愿填报

【导语】

有人说,能否上一所心仪的大学,七分靠自身实力,三分靠志愿填报。高考志愿是每一个考生人生道路上的首次重要抉择,直接关系到能否进入理想的大学,学习理想的专业,以及今后的就业,这不亚于又一次"高考",在某种意义上说是人生职业生涯规划的第一步。"世界上没有两片相同的叶子",每个人的优势多是不同方向、不同类型的,适合个人特点的学校和专业也各有不同,所以考生对自己未来的设计不可能千人一面。高分考生优先选择,选中的仅仅是适合于他的学校和专业,余下的可能正是最适合你的专业。如果不依据个人兴趣、爱好、特长等从职业规划角度进行自我设计,一味追求所谓"热门专业",甚至拿自己的劣势去同别人的优势竞争,不仅会在填报志愿这一环节上失利,还可能造成人生职业规划起跑线上的先天不足。个人的规划同国家事业的规划一样,也要有科学发展观的指导,因为今天的抉择是明天发展的坚实基础。

志愿填报,不可"临时抱佛脚"

【案例】

小伟高考分数超过第一批次本科线近40分,此前小伟父母包括小伟一直都以为只要分数高肯定能上好大学,对填报志愿毫无想法也毫无准备。老师、在上大学的亲戚、周围的朋友……大家给出的答案都不一样。最终小伟草草选了几个学校,去网站大略查了查以后就填报上了,然后又胡乱填了几个专业。

【解读】很多家长以及包括小伟在内的很多考生认为,高考志愿填报几天就能搞定。情况真的如此吗?以本科为例,考生一般需要填报一本、二本、三本三个批次,每一批次至少要考虑4所院校,加上可能填的征集院校，这样总数加起来可能达到15—20所。每年留给考生填报志愿的时间，往往只有短短几天。由于一些考生和家长对填报志愿的情况了解不够全面和深入，所以在填写时往往带有很大随意性和盲目性，最终结果极可能无法令人满意。有些专业虽然名称相同，但由于学校不同，其发展方向也有差异。选择专业，仅凭专业名称，没有详细了解就"定下终身"是非常有害的，而且事后往往会后悔。

【认知】填报志愿前，要做到"知己知彼"。所谓"知己"，首先是自身实力。简单地说，就是自己有怎样的学习实力就选择怎样的学校。在传统高考模式下，高考分数高就是实力强；高考分数低，在这一竞争体系中，就是实力弱。填报高考志愿，选择学校和专业，都必须依据自己的实力。其次是自身兴趣，就是在实力范围内，选择自己感兴趣的学校和专业。实力和兴趣要结合起来，离开实力来选择学校是不切实际、好高骛远的；离开兴趣来选择学校和专业，是盲目跟风、不理性的。在高考中有一种说法是"不浪费一分"，就是只考虑实力，将分数与学校一一对应，而完全不顾自己有怎样的学习兴趣，这样的院校选择是违背职业生涯规划的基本原则的。

所谓"知彼"，即了解相关高考政策。高考招生工作是一项政策性极强的工作，所有的招生行为都是在众多的政策下运行的。由于我国的高考招生录取工作是以省（区市）为单位来组织进行的，因此只要搜集本省的信息即可，同时关注高考政策每年的调整变动。其次就是与高校相关的信息。目前我国公办的、民办的、公有民办的各种高等院校多达二千多所。不要说考生，就是全家齐动员也很难搞清这些院校细枝末节，所以根据考生的实际情况来研究相关院校是相对科学的。比如，一是了解"目标院校"的投档情况，主要是前几年的院校投档情况，其中包括招生计划数、录取最高分、录取最低分、录取平均分；二是"目标院校"的基本情况：包括学校性质、历史沿革、师资力量、院系设置、办学地点、专业设置和录取规则、学费标准、考研保研比例，以及是否是"985""211"重点大学，是否有国家重点学科，以及近三年来新生的录取情况和毕业生的就业情况如何；最后还有志愿填报方法、技巧等方面的资料。目前，不同省（区市）录取模式有平行志愿录取模式、平行志愿与梯度志愿相结合录取模式、梯度志愿录取模式等几种。不同的录取模式的填报技巧、需注意事项也有所不同。在这一过程中，要学会利用多渠道搜集信息，比如网络媒体，高考信息和志愿填报的报纸、杂志，高招现场咨询会等。

提前批次与普通文理科批次

【案例】

安徽合肥考生小婷，2012年高考分数621分，高出一本控制线近80分。提前批次填报了中国青年政治学院，提前批录取结果很快揭晓，小婷被该校中国马克思主义学院录取。她打电话到该校招办，问是否可以退档，因为她最想上的是中国传媒大学。回答自然是否定的。既然小婷不想上中国青年政治学院，为何当初要填报该校呢？原来，她填志愿时受家长影响，家长告诉她每一个志愿栏都不要浪费，不填白不填，多一个志愿就多一次机会，而且有提前批次的学校一般都还不错。于是，在提前批的招生志愿栏里，她就从为数不多的几所院校里填上了中国青年政治学院，而当年她若放弃这一批次等待一本批次，是完全可以被中国传媒大学录取的。

【解读】 事实上，在每年的高招录取中，有像小婷一样遭遇的考生并不鲜见。有些考生错误地认为，既然第一批次院校比第二批次院校好，那么，第一批次院校前面的提前批院校就更好，至少不比一批院校差。其实，这是考生不了解国家为何要安排提前批院校。一般来说，提前批次院校包括军校、公安高校或专业；艺术、体育类院校或专业；海洋运输类、司法类部分专业；医学类本硕博连读专业；思想政治方面有特殊要求的院校等。“提前批次”录取的院校是要求严格体检的，而且大部分“提前批次”的院校录取分数较高，军事和公安司法类的都是在第二批本科录取控制分数线以上。

由此我们不难看出，这些院校之所以提前录取，主要原因是它的“特殊性”：或是身体条件要求严格，或是思想素质要求较高，或是毕业去向已经固定，如免费师范生。在小婷看来，填报提前批“多一个志愿就多一次机会”，这话并没错。按照现行的录取规则，提前批志愿如果没被录取，还可以参加一本、二本的录取，所以填报提前批志愿确实有点“不填白不填”的意味，在志愿表上轻轻一涂，便改变了自己的人生航程。但是，我们也应清醒地看到，一旦被提前批录取了，最后即使考分远远超过了重点线，甚至被北大清华录取，也只能是难收之覆水。

【认知】

在填报提前批志愿时，一定要注意以下几个问题：

1. 在你所在省招生的提前批院校里，有没有你特别想去的院校和专业。如果有，请仔细查阅这些院校和专业以往在你所在地的录取分数，仔细分析这些院校和专业以往几年在你所在地的录取数据，再认真比对你自己的分数实力，做到心中有数。

2. 在提前批录取的院校和专业，很多都对考生的身体条件或其他方面有特殊要求，如军队、武警、国防生、公安类院校和专业一般都要求考生要经过体能测试和面试，如没有这方面的成绩，就算文化课成绩达到学校的要求也不能录取。此外，还有一些在提前批招生的普通院校的特殊专业对考生的身体条件也有特殊要求，因此，考生在填报提前批的院校和专业时，一定要注意该校的《招生章程》，看看自己的条件是否达到学校或者相关专业的特殊要求，千万不可大意失荆州。

3. 考生在填报提前批院校和专业时，一定要把这些院校和专业与后续志愿的院校和专业相比较。如果自己更倾向于后续志愿的某些院校或者专业，在填报提前批的院校和专业时，就千万要慎重，绝对不能抱着“不填白不填”或者“把空白处都填满”的思想，否则，就可能重蹈上述案例中小婷的覆辙。

如果未填提前批次志愿或未被提前批次院校录取，则进入普通文理科批次志愿填报，具体如下：

每所普通类学校可填报的专业志愿是6个（艺体类院校则是3到4个），包括第一、第二、第三、第四、第五、第六志愿，还有有一个专业服从调剂志愿。在录取每一个同学时，先满足第一志愿，再满足第二志愿，以此类推。如果第一到第六志愿都不能录取，就要看是否服从调剂。什么叫服从调剂？就是如果填报了服从调剂，就可能在前面六个专业志愿没有被录取的情况之下，调剂到一个你没有填报的、但是招生计划还没有满额的专业。有同学会问，调剂是不是会调剂到我很不喜欢的专业？那回答是完全有可能。因为调剂，是在你没有填报的专业中进行。对此，同学会继续问，那不服从调剂，可不可以？从政策上是允许的，但是按照高考录取规则，如果不服从调剂，风险极大，尤其在平行志愿投档录取中。有同学会说，对于不服从调剂，可不可以不选服从或不服从，进行模糊处理，这是不可以的，不填意味着你就是不服从。服从专业调剂志愿的填报在高考志愿填报中很重要。通常，达到高校录取分数线，且服从专业志愿调剂的学生，均会被该高校录取。因此，考生要尽可能服从高校专业志愿调剂。当然，在填写愿意调剂之前（不填意味着不服从），要分析自己被调剂的各种可能，要做好被调剂进自己不喜欢专业的准备。千万不能在被调剂进自己不喜欢的专业之后，才觉后悔，甚至由此影响大学整个学习。

何谓“分数优先”

【案例】

考生小林，投档分655

志愿A：浙江大学　志愿B：同济大学　志愿C：武汉大学　志愿D：西北大学

考生小郑，投档分658

志愿A：北京大学　志愿B：浙江大学　志愿C：中山大学　志愿D：江南大学

【解读】分数优先，系统从高到低检索志愿。投档时，因小郑的投档分（投档分=高考分+固定政策加分）高，所以小郑会比小林优先被检索投档。检索时，按小郑填报的A、B、C、D志愿顺序投给高校，如小郑的A志愿北京大学无法投档（A校已录满，即分数线高于658分），B志愿可以投档，则小郑投档到浙江大学。轮到小林投档时，如小林的A志愿浙江大学恰好已经完成招生计划，小林就无法被投到浙大——尽管小林将浙大排在A志愿，但因其投档分位次较后，仍然是位次比小林靠前的小郑先投档到B志愿的浙大。这也是平行志愿的“分数优先”原则。按过去“志愿优先”投档原则，浙大会先录取小林——虽然小郑成绩高于小林，但他将浙大放在非第一志愿。

【认知】分数优先是指招生院校根据已调档考生的分数高低进行专业安排，即按投档总分从高到低的顺序依次满足考生的专业志愿。这种模式的特点是保护相对高分考生，最大限度地满足高分考生的专业志愿。在此模式下，相对高分考生被退档的可能性较小。因此，考生报考该类院校的策略为，按照自己喜好程度安排专业顺序，把最喜欢的专业放在第一顺序，这也是分数优先原则对考生的最大益处，就是考生可以根据自己的喜好报考专业，只要分数能达到这个专业的要求，他就能进这个专业。但分数优先的原则，意味着我们各个专业之间不设专业级差。第一志愿尤其要慎重，因为第一志愿对考生来说是至关重要的，很多学校在第一志愿招满之后，第二志愿就不进行招生了。可能造成高分落榜。考生在填报第一志愿院校的时候，一定要参照学校往年的最低分数线以及各个专业的分数线，再根据自己的成绩来定夺。在选择学校的时候，一定要选择有一定把握的学校来填报，不要把期望值定得太高，另外在填报学校专业的时候，除了自己喜欢的专业以外，尽量填报服从专业调剂，这样才有可能在进入学校投档线以内的情况下，不会因为专业不服从调剂而被退档。

（1）考生应把握好四个平行志愿的排序和梯度，如果四个平行志愿之间没有梯度，如所填报的B、C志愿的要求比A还高，那么，如果没有被A录取，也不太可能被B、C录取。

（2）每个志愿可填报6个专业，建议考生尽量选择“愿意服从校内专业调剂”，以避免被退档，换句话说，考生在选学校时，尽量选择那些所招专业都是你可以接受的学校。四个平行志愿的顺序一般是“冲一冲、稳一稳、保一保、垫一垫”。即将自己有希望“跳一跳，够得着”的理想学校作为志愿A，将符合自己成绩水平的“对口”学校作为志愿B，志愿C填一所“保守”学校，志愿D则填“垫底”学校。

（3）关于“愿意服从校内专业调剂”和“愿意服从院校间调剂”：建议尽量选择那些招生专业是你能接受的高校，这样就能选择愿意服从校内调剂，但是，谨慎选择“愿意服从院校间调剂”，一旦选择愿意，就要做好到天南海北学校的准备。

（4）关于学校和专业的选择：在平行志愿下，如果首选学校，就要适当降低专业的要求；如果首选专业，就要考虑降低对学校的选择。这是因为实行平行志愿，必然会使高校的投档分“扁平化”，即以往投到同一所高校的考生相差几十分的现象减少了，考生的分数变成比较接近，在此情况下，专业的竞争就更加剧烈，考生要更加重视专业的冷热搭配，在专业选择上要留有余地，最好要愿意服从专业调剂，否则一旦专业安排不下被退档，就很有可能要落到下一个批次。

凭啥分数相同我却落榜了？

【案例】

考生甲，总分594；　语文119　数学130　英语127　理综218　排序3

考生乙，总分594；　语文117　数学132　英语130　理综215　排序1

考生丙，总分594；　语文118　数学130　英语126　理综220　排序2

考生丁，总分 594； 语文 115 数学 130 英语 131 理综 218 排序 4

【解读】 甲、乙、丙、丁 4 位同分考生到底先投谁，即投档分相同情况下的排序办法（以理工类为例）。考生分数相同，要看单科成绩，单科成绩的排列顺序是：文史类为语文、文综、数学、外语；理工类为数学、理综、语文、外语。上述 4 位理科考生总分相同，排序时只能比较单科分数，按照理科单科排列顺序规定，先看数学分数，乙的数学分最高，故排序最前面；其他三个考生数学同分，再比较理综分数，丙的理综分数比甲、丁高，则丙排位接在乙后面；甲和丁理综也同分，再比较语文分数，因甲的语文分数比丁高，所以甲排序在丙之后、丁之前，丁则排 4 个同分考生的最后。投档时就按这样的排序先后进行投档。

【认知】 平行志愿投档遵循“分数优先，遵循志愿”的原则。所谓分数优先，就是教育考试院会把所有考生从高到低排序，现在分文理科排序，不分文理科之后，则统一排序。有同学会问，高考总分 750 分，怎么可能把考生从第一名到最后一名排开？这其实很简单，各省市还有具体规定，在同分的情况之下，要看单科分数，语、数、外，还有文科综合、理科综合等。每个省市的排序规则各不相同，有的省市先看语文，再看文科综合，再看数学，再看外语，有的省市则可能是先看语文，再看数学，再看外语，再看文科综合。不管怎么样，总归会把学生从高到低排序，从第一名到最后一名，在投档的时候，先投第一名，再投第二名，第一名投不出去，第二名根本就不能投，这叫分数优先。

遵循志愿，就是在投每个学生的档案，会依据这名学生的志愿进行检索投档。各个省市设立的平行志愿院校个数不同，有的省市是 3 个，比如说江苏省 A、B、C；有的地方是 4 个，比如说上海是 A、B、C、D；还有的地方是 5 个 A、B、C、D、E；6 个 A、B、C、D、E、F 等。在投档时，先投 A 志愿，A 志愿如果投档不成功，再投 B，B 不成功再投 C，C 不成功再投 D。怎么理解这个过程呢？在整个投档过程中，可以把每个学校拿学生档案，理解为拿出一个篮子，用篮子来装学生档案，当然这个篮子是虚拟的。篮子的容量由该校的招生计划数决定，如果这所学校招 100 人，投档比例假如是 1∶1，就装 100 个人，装满 100 个就不装了。那投档是怎么投呢？投一个学生档案时，先看其 A 志愿，如果 A 志愿院篮子未满，那这名考生档案即投到 A 志愿学校，其投档结束；如果 A 志愿院校篮子已经满额，其档案则投不进去，不能投到 A 院校，于是向 B 院校投档，如果 B 志愿院校篮子未满，其档案即投到 B 志愿学校，其投档结束；而如果 B 志愿院校篮子已经满额，则只能向 C 志愿投档……并以此类推到 D 志愿。如果 D 志愿仍旧已经满额，则该名考生投档失败，只能等待征求志愿。很显然，能否投档成功，取决于所填志愿院校在轮到该名考生投档时，是否已经满额。如果满额，则无法投进档案。当所填平行志愿在轮到自己投档时，均满额，则本轮投档失败。而所填志愿高校投档完成情况，则取决于比自己分数高的考生所填报志愿情况。

在投第 N 名考生的档案时，投档过程可图示如下：

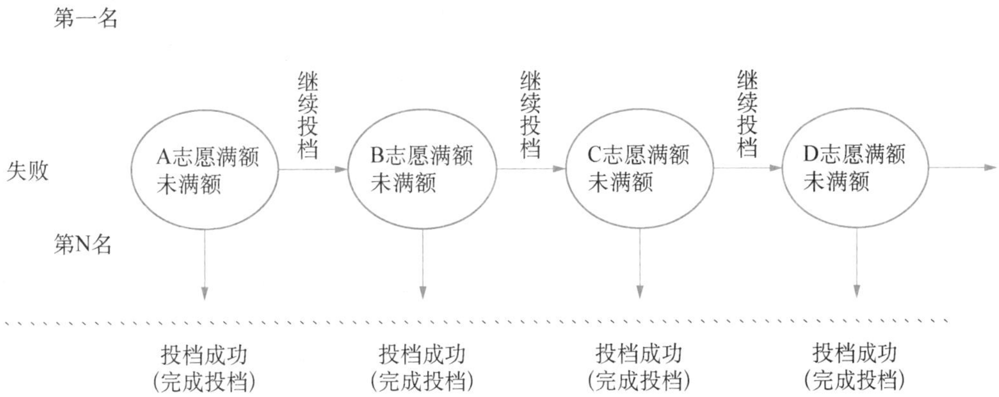

冷门有时成独门，热门常常也没门

【案例】

考生小洲，2011 年高考分数达到了哈尔滨工业大学的最低录取分数线，但最终却被学校退档。原来该考生选择的专业志愿全部是该校历年来最热门的几个专业，并且没有填报专业志愿服从调剂。由于热门专业录取分数远高于最低录取线，最后被学校退档。

【解读】在看待专业“冷”“热”时，要辨证判断，即从高考录取、学业发展、就业形势等方面辨证分析专业选择。热门专业，往往意味着更高的实力要求，意味着更激烈的竞争，包括学业竞争与就业竞争，因此，考生除了要分析自己的实力能否达到热门的实力要求之外，还要从长远角度分析自己今后在大学这一专业学习中能够理性面对学业竞争，以及能在激烈的就业竞争中拥有优势。相对于热门专业，大学冷门专业的学业竞争，相对更小，而一些“冷门”专业的就业竞争程度也可能更小。另一方面，冷热会发生动态变化，招生很多的专业、普遍开设的专业，从需求角度看，并非热门，招生不多的专业、开设不广的专业，反过来可能是热门；这几年的热门，可能在未来几年却转眼成为了冷门，这种变化对于追逐热门的学生来说，会是更大的挫折。

【认知】现在的你恐怕很难想象，1977 年恢复高考时，哲学竟然是大家报考的热门专业。同时，受陈景润等著名科学家的影响，数学、物理学等基础学科也都很吃香；20 个世纪 80 年代初兴起的是“文史热”；到了 80 年代后期，这种基本风向就发生了变化，至少考分最高的学生大都选择了经济、法律专业；90 年代，随着外贸体制改革，国际贸易、国际关系等专业被重视，录取分数屡创新高；90 年代后期，风头最劲的专业变成了网络与计算机。而看看当下，十年前刚刚萌芽，只在部分高校试行的“精英班”，现在最受考生欢迎；十年前让理科生趋之若骛的计算机，现在在前十的热门专业中，已排不上号；十年前温吞水一样的物理学、化学、数学，现在又有了“学好数理化，走遍天下都不怕”的气势；十年前引领文科生风骚的法学、新闻学，现在已被金融学、经济学和国际经济与贸易代替；十年前因为与工厂、车间关系密切而被忽视的机械专业，现在悄然成为新贵。

因此，在看待专业"冷""热"时，要辨证判断，即从高考录取、学业发展、就业形势等方面辩证分析专业选择。热门专业，往往意味着更高的实力要求，意味着更激烈的竞争，包括学业竞争与就业竞争，因此，考生除了要分析自己的实力能否达到热门的实力要求之外，还要从长远角度分析自己今后在大学这一专业学习中能够理性面对学业竞争，以及能在激烈的就业竞争中拥有优势。相对于热门专业，大学冷门专业的学业竞争，相对更小，而一些"冷门"专业的就业竞争程度也可能更小。另一方面，冷热会发生动态变化，招生很多的专业、普遍开设的专业，从需求角度看，并非热门，招生不多的专业、开设不广的专业，反过来可能是热门；这几年的热门，可能在未来几年却转眼成为了冷门，这种变化对于追逐热门的学生来说，会是更大的挫折。

下表是2017年网络上的一张有关专业"冷""热"专业的清单：

冷门专业	采矿工程
	植物保护
	矿物加工工程
	地质工程
	哲学
	食品科学
	给排水工程
	船舶工程技术
	力学
	环境工程
热门专业	财经类专业
	工商管理专业
	计算机科学与技术专业
	土木工程专业
	通讯工程专业
	机械设计制造及其自动化专业
	外国语言文学类专业
	建筑类专业
	医学类专业
	中国语言文学类专业

院校和专业孰重孰轻

【案例】

“清华新生可申请跨文理转专业”，2009年高考时，这样的一则消息让很多清华考生惊喜万分。清华招生打破文理分科界限，本科新生将不受文理分科及所报专业的限制，可依据自己的兴趣申请重新选择专业，意味着文科考生可以直接进入自己喜爱的理工专业就读，理科考生也可以被人文社会科学专业录取。这使得那些盲目追求好学校忽视兴趣专业的学生看到了希望，但是结果显示可以成功转专业的学生微乎其微，名额寥寥无几。这折射出了考生在填报志愿时普遍存在的一个问题，即院校优先还是专业优先。

这也是让考生及家长一直拿不准、辨不清的问题，是优先考虑学校还是专业，上了好学校，专业不喜欢、就业前景不理想，怎么办？为了学个好专业掌握热门技能，只能退而求其次选了二流大学，却发现名校文凭才是就业“敲门砖”。而像清华大学这样可以转专业的学校又是屈指可数。

到底该怎样选择，选择以后又将怎样结合考生实际情况作出科学的志愿组合，可以“双管齐下”优化两个矛盾点？

【解读】在定位院校之后，还要进一步选择专业。专业选择对未来学业和职业发展的影响，包括专业“优势”影响、专业兴趣影响、专业设置影响和专业政策、专业科目影响。

专业“优势”影响，指的是专业实力、专业就业前景对学业发展的影响。即这所学校有哪些热门专业，自己是否能进入这所学校的热门专业，这对学生的学习定位有很大影响。根据多年来对大学生的调查，一些身处大学“热门”专业——学校里实力最强或者就业形势最好的专业——的学生，往往具有心理优势，而身处“冷门”专业的学生，则会怅然若失。当然，情况也不绝对，因为“热门”和“冷门”总是相对的，而心态才是影响学习效果的最重要因素。（关于专业冷热对学业的影响在后面章节将详细论述。）分析专业优势影响的指标：专业实力；就业前景。

专业兴趣影响，指的是学生的专业兴趣爱好对学业发展的影响。一个学生有无强烈的专业兴趣，自己所读专业是否是自己感兴趣的，这对大学学业发展也有很大影响。在高考中，有的学生为了追求上一所更好的学校，而放弃自己感兴趣的专业，等到上了大学，却对所学专业毫无兴趣，产生厌学情绪，这就是典型的专业兴趣影响。因此，在高考志愿填报时，充分分析自己的专业兴趣，尽可能处理好专业兴趣与志愿填报的关系；在大学学习中，正确处理专业兴趣与大学学习的关系，对于学生来说，至关重要。（关于专业选择、专业背景与专业素养的关系，在后面章节有详细论述。）分析专业兴趣影响的指标：个人兴趣；相关学校专业。

专业设置影响，指的是一所学校设置专业情况，对学生学业发展的影响。学校总体专业设置如何，将影响一个学生的大学知识结构，并由此影响学生的就业能力、就业素质。近年来，不少高校改变专业招生、培养口径过窄的情况，实行按学院招生、按专业大类招生或者按专业平台招生，进校之后，第一、二年按学院、专业平台进行基础理论知识的培养，之后再进行专业分流，这种招生专业的设置，以及未来分流专业的选择，显然将根本改变学生的学业规划。分析专业设置影响的指标：大平台（学院）招生情况；大平台（学院）培养情况；专业分流情况。

专业政策影响，指的是一所学校具体的人才培养政策，包括学分制政策、转专业政策、辅修政策，对学生以专业素养培养为主导的学业规划的影响。在后面的章节中，我们将讲到，大学生在学校中的发展，有三种专业类型：专业强化型、专业拓展型、专业改换型，而这些选择与学校具体的专业培养政策相关。学校的这些政策，直接影响学生的专业学习规划。分析专业政策影响的指标：学校转专业政策；专业辅修政策。

专业科目要求影响，指的是在新高考之下，每所学校的招生专业会提出相应的科目组要求，考生在填报时，要根据自己的选考科目，结合大学提出的科目组要求选择适合自己的专业。高校提出的科目要求大致包含四类，一是科目不限，考生可以任意报考；二是提出三个科目要求，考生只要满足其中一门即可；三是提出两个科目要求，考生也只要满足其中一门即可；四是提出一个科目要求，考生选择科目中，必须有这一门，否则不能报考。

因此，定位专业，一要看自己的兴趣，二要看实力，三要看院校录取的政策。而在定位院校和专业时，同学们往往还会有另外一个问题，即“我现在能够进一个名气更大的大学，但却只能进一个比较差的专业。如果放弃这所大学，我可以进一所名气差一点的大学，但却可以选一个好的专业，是选择好大学，还是选择好专业？”这是很多学生经常纠结的一个问题。对此，有以下建议。在传统高考中，高考录取分批次，有一本、二本、三本院校，建议同学们“一本选学校，二本、三本选专业”。

学校排行榜在选大学时，当然可以作为一种参考依据，可是，其前提是，这一排行榜的指标相对科学、数据真实客观，如果排行榜选择的指标，根本就不能反映学校的办学实力，而且，所用的数据，真实性也存疑，那么，按照排行榜选大学，会出严重偏差。同学们在利用排行榜时，首先必须看其排行所用指标是否具有科学性。根据排行榜指标的科学性，目前的排行榜，可分三类。

一类：毫无价值。

比如，有网络媒体整理发布的《75 所教育部直属高校就业率排行》。对于关注高校就业情况的考生来说，很可能会把这作为重要的参考依据。但这一排行榜，却无任何参考价值。抛开本就不应该用就业率来评价进行通识教育的高校的办学水平不说，这一排行所用的就业率数据，就存在严重问题，各高校统计就业率的时间不一致，有的是截至 10 月，有的是截至 11 月，还有的是截至年底，统计时间不同，怎么进行排行？考生和家长只要稍作追问，就可以发现这一严重问题，而不只是看排行的结果。

二类：有政绩价值，无选择参考价值。

有相当比例的大学排行榜属于此类，是为展示高校的功利办学政绩的，而对考生选择大学，起不到多大的参考作用。像《中国大学录取分数排行榜》，这是根据各高校在各地的录取分数高低作出的排行，排名靠前的大学，会把其作为招生政绩，但这对考生报考学校有参考作用吗？表面上看有一定作用，因为高校就是用高考分数录取的，可具体到各省，却无实际价值，各高校在不同省，由于招生计划、地域等问题，录取考生的名次是各不相同的，而在高考填报志愿时，录取名次是重要的依据，考生必须根据高校在本地的录取名次，进行学校定位，而不是参考其在全国录取的情况。

三类：排名无价值，信息可参考。

除此之外的其他排行榜，考生和家长在使用时，可不在乎排名的高低，而将其视为高校信息的一方面来源，众所周知，我国教育部门近年来在推进高校信息公开工作，但遗憾的是，高校信息公开做得并不好，很多基本的办学信息，大家很难从公开渠道获得，有的高校的官方网站，最新更新时间还是两三年前，还有的高校高考录取结束很久了，却不公布专业录取数据，这种信息不公开的局面，其实也为排行榜的生存、发展提供了“空间”，因为不管排名的指标是否科学，好歹排行榜提供了部分高校数据（不公开排行数据的排行榜不属此类），这可以让考生和家长通过排行榜，一定程度了解一所大学的办学信息，以便在决策时作更周密的考虑。

简单地说，同学们应用理性的眼光选择、使用排行榜，这样，那些无任何价值的排行榜也就会消亡，只有政绩价值而无选择参考价值的排行榜会减少，会出现更多服务考生、家长的有价值的排行榜，同学们也不至于在定位院校和专业时被误导。

换了“马甲”也要认识

【案例】

小勇2012年参加高考，最终被湖南大学录取。小勇因为数学、物理成绩一般，而化学还不错，他选择了化学化工学院里的化学系，结果进了大学才发现自己似乎没有搞清楚专业名称的含义，化学系和应用化学系根本就不是一回事。

同样冠以“化学”二字，“化学工程与工艺”与“应用化学”、“高分子材料工程”是有区别的。这是中国大学专业过度细分化的结果。而在国外一些高校，比如悉尼大学化工学士课程直接把国内许多大学细分的“化学工程”、“生物工程”、“环境工程”、“材料工程”全都包括了，学生要做的就是按照自己的兴趣选择喜欢的课。而在中国，基本对化工没有概念的高中生，已经被细分到各具体专业了。实质上，很多专业的很多课程是雷同的。

【解读】有些专业名称看似常见易懂，但若是忽略其中的一字之差，很可能没报到自己理想的专业。每年在高考填报志愿时，考生和家长都是通过专业的字面意思来推断所学内容，然而有些名称相近的专业，学习内容、课程设置和就业方向有很大的差别。五花八门的专业，有的可以从专业名称和院系名称入手，顾名思义地大概"猜"出专业性质、培养目标和教学内容，像船舶与海洋工程、光信息科学与技术、国际经济与贸易、材料科学与工程、建筑学，学习内容指向明确，行业特色鲜明，辨别容易。而有些专业名称概念比较笼统，范围又特别大，像安全工程、生物技术、金融工程、信息管理与信息系统……连老师都不能完全明白其所以然，便常常根据往届弟子的报考来作大致推断，指导效果不很理想，考生们更是只好跟着感觉走，抽彩般胡乱填报。部分学生拿着录取通知书满心欢喜地报到时，却发现和自己喜欢的专业失之交臂。

【认知】

专业俗称之所以"新瓶装旧酒"，一是为提高生源质量，二是国家也要求专业名称规范，很多高校刻意把专业与"贸易"、"信息"、"自动化"等联系起来，纷纷开设相关专业，一些名称中带有"国际"、"信息"等时髦字眼的专业异常火爆。改名称，也没什么不好，关键是看有没有相对应的师资和教学实验设备，但就目前情况来看，许多二三流的大学由于经济因素，并未能及时培训或者引进师资，实验条件也不完善，甚至开的还是老课程，这就容易误人子弟了。还有的虽然及时更新了师资和硬件设备，但社会需求并不旺，导致就业招生冰火两重天。有的虽然招生就业两旺，但学习内容却不在常人的想象当中，一些考生可能会感觉到与自己的兴趣不吻合，从而心生不满。

以下列出三个形式上很像内容上却有很大差别的专业：

"园林专业"与"园艺专业"

园林专业是培养园林植物繁育栽培、养护及管理的高级工程技术人才。主要学习生态学、园林植物、观赏园艺、园林设计、园林建筑、园林工程等方面的基本理论和基本知识。

园艺专业是培养与园艺科学有关的技术与设计、推广与开发、经营与管理、教学与科研等工作的高级科学技术人才。主要学习植物学、农科化学、土壤肥料学、遗传育种学、虫害防治学、园艺设施和农村经济等知识。

就业方向：

园林专业的毕业生可在建筑行业、市政工程、公园景区等部门从事园林设计规划等工作。

园艺专业的就业主要是经营和管理园艺设施等。

"医学影像工程"与"医学影像学"

这两个专业一个是"对设备"，另一个是"对人"。

医学影像学主要学习临床医学、医学影像学等医学理论知识，接受常规放射学、CT、磁共振、超声学等影像操作技术的训练，能够掌握拍片的流程、技术，并具备影像诊断的能力。学生本科毕业后授予的是医学学士学位。

医学影像工程专业的学习以工为主，主要课程包括大学物理、电路分析、程序设计、医学影像处理、微机原理与应用等，学生毕业后被授予的则是工学学士学位。

就业方向：

医学影像学专业的毕业生可在各级各类医疗机构、防疫机构、医学科研等单位从事临床影像技术、影像诊断等相关工作。

医学影像工程专业的就业方向，主要是在医院从事医疗机械设备的维护、维修、操作与管理，或是到厂家、研究所参与产品的开发和设计等。

“广播电视工程”与“广播电视编导”

报考广播电视编导专业的学生通常会参加专业艺术考试，比如影视评论、编写故事、才艺展示、综合面试等项目，毕业生被授予艺术学学士学位。

广播电视工程专业，以视音频技术为主，所学内容有计算机科学、通信技术、网络技术、视听艺术等课程。该专业将艺术与技术相结合，着重于视音频处理、信源压缩、影视制作与节目管理、节目播出等。

就业方向：

广播电视编导专业的就业方向：主要在电台、电视台、出版社、电影制作公司、报社、杂志社等单位从事策划、编导、记者、主持、编辑、行政管理人员等工作。

广播电视工程专业的就业方向：主要在传媒领域从事数字电视技术和网络音频技术的研究、系统设计等工作，或是在广告公司、大型企业的宣传部门工作。

对于新增专业的分析，应把握以下原则：

原则 1：相近性原则。一般而言，一所学校新增一个专业，都应该有相关的办学基础，换句话说，这一新增专业，是在以前办学基础上调整、发展而来。因此，判断专业办学实力，可以分析这所学校与之相近的专业或者专业类。比如，某所学校新增社会工作专业，那么可以分析这所学校以前曾经开办的社会科学类专业的实力以及发展前景。从这一角度分析，我们不难发现，有的学校新增的专业，有时马上就会成为热门专业，录取分数很高；而有的学校新增的专业，录取分数却比较低。

原则 2：综合性原则。对于有的学校新增的专业，还可以结合学校办学特色以及这一专业的社会需求情况来进行判断。如果新增的专业，与学校的办学特色相对应，那么其专业实力就相对较强，并具有一定特色和优势；如果新增的专业，是为学校拓宽学科面而新尝试设立的专业，那么由于专业发展缺乏历史积淀，报考时要多关注学校发展这一专业的举措，以及这一专业所对应的社会需求变化趋势。

警惕招生诈骗

近年来，每年高考录取期间，都会出现招生诈骗，考生在报考学校时一定要警惕。

主要的招生诈骗，有以下几类。

第一类是以军校招地方生名义进行招生诈骗。一些犯罪分子号称有地方指标、可以让学生成为部队干部等谎言，欺骗考生和家长，有的犯罪团伙甚至利用高科技手段伪造印章和部队证件，办假军校，从中牟利。其实军校招生和普通高校招生一样，全部实行远程网上录取，而且考生参加军校录取，必须事先通过军队有关部门的政审、面试和体检，相关要求更加严格。

第二类是混淆各种不同招生类型来蒙骗考生和家长。我国高等教育目前除了普通高等教育之外，还有成人高等教育、远程网络教育、高等教育自学考试等多种形式。不同的招生类别，其入学条件也是不一样的。例如普通高等教育就必须经过国家统一高考，其他形式的高等教育有可能宽进严出。对这些情况，不少考生和家长平时可能不太关心也不太注意，一些不法分子就利用考生和家长这种认识上的盲区或者误区，故意混淆网络教育、成人教育、自学考试和普通高考的区别。他们都声称只要肯花钱，就可以上大学，上本科，甚至可以上名牌大学。考生家长花钱买到录取通知书，但这并不是普通高等学校通过高考发出的录取通知书，今后拿到的毕业证书也不是普通高等学校毕业证书。

第三类是打着自主招生的幌子来骗取考生和家长的钱财。自主招生是 2003 年以来为选拔拔尖创新人才采取的一种招生方式，2009 年试点高校 90 所。2014 年之前被录取新生有两个条件：第一要在高考前通过学校组织的测试，第二要经学校测试合格后，还必须参加高考，高考成绩必须达到考生所在省份的重点分数线。2015 年之后，参加自主招生的学校，先必须参加统一高考。并不像非法中介所说的自主招生就是学校说了算，只要花钱就可以搞到所谓自主招生的指标。

第四类是假借定向招生等名义进行诈骗。一些骗子对考生家长吹嘘可以搞到定向招生计划，只要考生和家长出所谓的定向费就可以录取，以此骗取钱财。实际上教育部对定向招生一直在加强管理力度。从 2005 年开始明确地方所属高等学校一般不再安排定向招生，定向招生人数、降分幅度也有严格限制，同时规定不得收取所谓定向费。

第五类是吹嘘自己神通广大，可以拿到内部指标，甚至冒充高校招生人员，说有计划外指标可以降分录取，以此索取费用，甚至要求考生家长事先预付一部分定金，这些骗子拿到钱以后，就不管了。其实，招生计划必须由省级招办公布执行，不存在所谓的内部或计划外指标。

每一年招生诈骗可谓层出不穷，教育部门一再发布预警，可还是有学生、家长会受骗，为什么？一是信息还不是特别公开，学生、家长掌握的信息并不全面，因此学生、家长会认为有的信息是不是被自己漏掉了，于是对所谓的“内部消息”就信以为真。

二是有学生还相信高校有潜规则，因为这几年媒体报道高校有自主招生腐败，虽然对潜规则很厌恶，可轮到自己，有人却希望自己也能够走通潜规则通道。有些学生、家长对高校潜规则深信不疑，于是被骗得一愣一愣的，甚至在大学里面读书，发现有问题了还不说，骗子会告诉他们，这是特殊类型招生，走的是特殊通道，你千万不要讲，一讲就曝光了。结果到了四年之后，发现自己读的根本不是正规的大学，也拿不到毕业证书、学位证书，这个时候才想起维权。可以说，这类学生、家长，是招生诈骗的同谋，希望从潜规则中谋取好处。

（编写：金　瑞）

后　记

从对教育和学生负责出发进行教育探索

第一次到合肥八中，是 2003 年 8 月底，我去给八中所有班主任谈高中生生涯规划教育。学校告诉我，全校从 2003 年 9 月新学期开始，将以学生的生涯规划教育为主线，改革学校的课程体系，由学校老师结合社会力量开设 60 门左右的新课程，限定或非限定学生选修。

当时我就说，如果这一设想能够实现，这将是全国范围内将学生生涯规划教育真正落地的开创性尝试，避免生涯规划教育形式化。在这之后的近一年时间中，我近距离地观察了八中推进生涯规划教育的过程，学校组建了一支由年富力强的年级主任、班主任组成的生涯规划教育团队，一边学习、研究怎样给学生进行生涯规划教育，一边把学习、研究的成果付诸实践。呈现在读者面前这本书，就是这一年学习、研究、实践的结晶，从中可见八中在生涯规划教育方面是“动真格”的。

我期待这不仅能进一步推动、深化八中的生涯规划教育，也能给其他学校开展生涯规划教育以积极的启迪。

一直以来，很多人认为生涯规划教育就是开设一门生涯规划课，这是对生涯规划的形式化了解。从发达国家中学生的生涯规划教育看，中学的完全学分制教学、学生自主选择课程，其实是生涯规划教育极为重要的内容，学生通过选修不同的课程，既拓展视野，又深入了解自己（个性和兴趣），以及相关的职业（选修音乐、美术、烹饪、手工等，也就相应了解艺术、厨师、手工艺者），从而确定生涯发展目标，形成自己的生涯规划。

可我国学生的生涯规划教育，却停留在极为粗浅的层次。虽然教育部门近年来特别重视这一方面的教育，可是，有的学校根本就没有开设，就是开设的学校，也只是要求学生制定一份怎样提高自己学习成绩的学习计划。之所以出现这种情况，是因为我国中高考实行单一的分数评价体系，学校认为，就是引导学生进行生涯规划，可现实中没有规划的空间——学生们不得不把时间、精力都用到中高考核心科目上，哪有时间去发展自己的兴趣？去选择那些无关中高考的科目进行学习？再者，高校是按学生的高考分数进行录取，如果没有高考成绩做基础，想去哪所大学、哪个专业，不是空想吗？说到底，分数才是硬道理。

这种观念十分现实，但不得不说，如果学校教育坚持这样的观念，将落后于时代的发展。我国高等教育在校生规模已经达到3 325万，毛入学率30%，在这种情况下，如果所有学校只给学生一个"朦胧"的意识——要考上好大学，考上好大学就好了，那么，很多学生会陷入人生发展的迷茫，这不仅是学生个人的问题，而且是很大的教育问题和社会问题。

不重视学生生涯规划教育的弊端已经十分明显，一方面，现在很多高中毕业生在填报志愿时，根本没有自己的兴趣，甚至把填报志愿的任务交给父母，这导致学生一进校，就对学校、专业极不满意；另一方面，缺乏生涯规划教育的学生，进入大学，失去父母、老师的管理、规划之后，不知道怎样管理、规划自己，很快陷入迷茫，读大学成了混日子。再者，在大学毕业选择职业时，很多学生也不知道自己的职业兴趣，盲目海投简历，据统计，每年大学毕业生在简历上的浪费达到20亿——这也是大学生就业难的一方面重要原因。而进入第一份工作岗位后，有30%的毕业生，在半年到一年之内就跳槽。

虽然中高考制度是现实的约束，但是，学校不能以此为理由，就忽视对学生这方面的教育引导。其实，如果在中学里开展对学生的生涯规划教育，不但不会影响升学准备，反而会激发学生的学习兴趣——以前的教育，都是老师、家长主导的"任务驱动型"学习，学生完全被动学习；而推进生涯教育，则在于让学生了解自我，找到自己的兴趣，以兴趣驱动学习——今后我要从事什么职业，为此要进某大学某一专业，要达到这一目标，在中学学业上要进行哪些准备。

当然，开展这样的生涯教育，对学校和老师的要求是很高的，首先，需要学校花成本，投入到校本课程、教材的开发中，像合肥八中，要开设出60门课程，这需要一笔不小的投入；其次，需要学校老师转变教育理念，不再以其他学科的灌输教育方式教育学生，而需要发挥学生学习的自主性，实行交互式、探究式教学。据了解，合肥八中设置的研究型教学内容，就明确要求老师在组织教学时，要让多个学生组成一个课题研究小组，共同进行研究、学习，这就是培养学生团队协作、沟通能力的教学形式。

从中不难看到，大多学校之所以不为，是在现实中高考制度之下，采取的"偷懒"措施，要推进深入的生涯规划教育，很可能吃力不讨好，而采取传统的应试模式，用不着那么"操心"。但大家很清楚，什么是对教育、对学生负责的做法，所以，我国的学校办学者，有必要从对教育、对学生负责来思考究竟怎么开展教学，中高考制度改革是一方面，在现有制度之下，进行积极的探索和尝试，也是教育者的责任。

当然，这本书，只是生涯规划教育的一部分，要系统推进生涯规划教育，还有很多事需要去做，我期待八中在生涯规划教育探索中出现更多可以在全国范围内推广的成果，也期待生涯规划教育在全国所有中小学校生根发芽。

熊丙奇

2017年5月